KUNDENSCHWARM

Die Wahrheit über erfolgreiche Verkäufer

THOMAS SAJDAK

Werde Kundenschwarm:

www.thomassajdak.de

Herausgeber: Thomas Sajdak, Koblenzer Straße 2, 10715 Berlin
ISBN: 978-3-00-062402-5

In Zusammenarbeit mit www.buchkodex.de, Düsseldorf

INHALT

Danksagung

Zunächst einmal möchte ich mich bei all meinen Kunden bedanken, die mir dabei geholfen haben, den Vertriebsprozess in den unterschiedlichsten Branchen zu beobachten und besser zu verstehen.

Ob Versicherungen, Banken, Agenturen, Messen, Bauunternehmen, Sanitärunternehmen, Unternehmensberatungen, Pharmakonzerne oder Start-ups, es war gefühlt alles schon dabei.

All diese Erfahrungen haben mir gezeigt, dass Lösungen im Vertrieb niemals pauschalisierbar sind. Was in der einen Branche funktioniert, muss nicht zwangsläufig auch in einer anderen zum Erfolg führen.

Und was bei dem einen Kunden funktioniert, ist für den anderen Gift. Je mehr Werkzeuge und Erfahrungen wir haben, umso besser können wir mit bestimmten Problemen und Vertriebssituationen umgehen.

Und genau diese Essenz vermittle ich leidenschaftlich gerne meinen Kunden in Vorträgen und Seminaren – und nun auch in diesem Buch.

Dafür ein großer Dank an viele Kunden, die mir täglich helfen, besser zu werden und die komplexen Verkaufsprozesse zu verstehen.

Widmung

Widmen möchte ich dieses Buch einer Reihe von Menschen, denen ich ebenfalls großen Dank schulde. Los geht es bei meinen Eltern, die mir so viel Liebe mit auf den Weg gegeben haben, was mir auch heute noch hilft, den vielfältigsten Menschen mit Respekt, mit viel Verständnis und Geduld zu begegnen.

Auch meinen Kindern Dominik und Lea möchte ich danken. Es ist euer Blick auf die Welt, der mir immer wieder dabei hilft, Menschen und Dinge aus einer unvoreingenommenen Perspektive zu betrachten. Ihr seid die Hauptquelle meiner Energie! Von unserem dritten Kind weiß ich gerade erst seit einigen Wochen, aber ich bin gewiss, dass es genauso sein wird.

Ich möchte meinem Mentor Wolf-Dieter danken. Von dir durfte ich so viel lernen und in dieses Buch mit einfließen lassen.

Ich danke meinem Freund René. Mit dir hat die Leidenschaft für und Freude am Vertrieb begonnen. Ich danke dir, Artur. Du hast mir geholfen, Struktur in dieses Buch und meine Gedanken zu bekommen.

Zu guter Letzt danke ich natürlich meiner Frau Anika Sajdak. Du unterstützt mich mit Liebe und hältst mir stets den Rücken frei, damit ich den verrücktesten Ideen nachjagen kann. Ich liebe dich!

Thomas Sajdak

VORWORT

Lieber Leser, liebe Leserin, zunächst einmal muss ich mich aufrichtig bei dir entschuldigen. Warum? Falls du dieses Buch gekauft hast, weil dich der Titel um die Wahrheit erfolgreicher Verkäufer angesprochen hat, muss ich dir etwas beichten:

Ich habe mich hier einer der typischen Übertreibungen bedient, die im Vertrieb leider häufig genutzt werden und bedauerlicherweise viel zu oft auch funktionieren.

Denn wir Menschen suchen immer den einfachsten Weg, die eine Wahrheit, den Supertrick, die beste Methode oder den ultimativen Hinweis für alles.

Doch in meinem Buch möchte ich dir zeigen, dass es nicht nur Schwarz oder Weiß gibt und nicht nur eine Lösung die richtige ist, sondern viele Wege ans Ziel führen.

Je mehr Wege und Instrumente du kennst, desto erfolgreicher wirst du sein. Je mehr Probleme du bereits gelöst hast, desto mehr wirst du logischerweise auch in Zukunft lösen können. Also, höre nie auf zu lernen!

> *„Wer glaubt, jemand zu sein,*
> *hat aufgehört, jemand zu werden!"*

Das ist das Geheimnis erfolgreicher Verkäufer. Wenn wir uns so gut es geht objektiv mit den Themen VERKAUFEN und ERFOLG im Allgemeinen befassen, müssen wir uns immer vor einer großen Gefahr in Acht nehmen: der Gefahr der Verallgemeinerung.

Es gibt so viele Verkaufsbücher auf diesem Planeten: sie handeln von „Hardselling", von „Softselling", „Solution-Selling" und so weiter und so fort.

Jeder dieser oftmals bekannten Autoren scheint mit seinem Buch die ultimativen Methoden und Ansätze im Vertrieb vorzustellen. **Was wäre, wenn alle recht haben?**

Im Grunde verhält es sich wie bei einem guten Koch: Er kennt viele tolle Rezepte. Trotzdem wird er jenes Gericht servieren, das seine Kunden sich gerade in diesem Moment wünschen.

Genau das zeichnet erfolgreiche Leute in allen Bereichen aus: Sie haben jedes relevante Buch gelesen und waren auf vielen Weiterbildungsveranstaltungen.

Thomas Sajdak

Neben all dem Wissen kommt dann noch die persönliche Komponente hinzu, die den letzten Feinschliff an Individualität gibt. Was aber am Ende wirklich zählt, ist die richtige Anwendung zum richtigen Zeitpunkt.

Jede Verkaufssituation ist genauso unterschiedlich wie die Menschen, die an diesem Prozess teilnehmen. Kein Kunde oder Verkäufer verhält sich wie der andere.

Es gibt ideale und weniger ideale Zeitpunkte für einen Verkauf. Zustände und Rahmenbedingungen beeinflussen ebenfalls den Verkaufsprozess.

Was gestern bei dem einen Kunden richtig war, kann schon morgen beim anderen Kunden völlig unpassend sein. Binäres Denken hilft im Verkauf nicht! Du solltest nie nur in Schwarz und Weiß denken, sondern auch dazwischen.

Mit diesem Buch möchte ich den Versuch wagen, diese Schwarz-Weiß-Sicht im Vertrieb zu verlassen. Es richtet sich primär an Unternehmer und Verkäufer und soll dir dabei helfen, noch erfolgreicher zu sein. Verkaufen ist eine der wichtigsten Fähigkeiten im Wirtschaftsleben.

Einem guten Verkäufer oder Unternehmer fällt es leicht, den Projektleiter zu überzeugen, Streitigkeiten geschickt zu regeln oder eine neue Idee zu präsentieren. Er weiß mit der Einsicht eines Kollegen zu einer Projektangelegenheit umzugehen.

> *Selbst revolutionäre wissenschaftliche Hypothesen und Innovationen unterliegen den Gesetzmäßigkeiten des Verkaufens.*

Daher empfehle ich dir zum Thema Verkaufen eine positive Einstellung zu haben, und zwar zu deinem eigenen Nutzen und zu dem deines zukünftigen Kunden.

Lies dieses Buch mit einer offenen Einstellung. Vielleicht merkst du sogar, dass du schon viel mehr Eigenschaften eines Top-Verkäufers hast, als dir bisher bewusst war oder sogenannte Verkaufsgurus dir weismachen wollen.

Ich kann aus Erfahrung versprechen: Die besten Verkäufer entsprechen nicht dem gängigen Klischee.

Jeder ist ein Verkäufer, auch wenn einem das vielleicht nicht bewusst ist. Als Mitarbeiter eines wirtschaftlich agierenden Unternehmens oder als junger Unternehmer bist du, ob du willst oder nicht, schon längst Teil der Mächte bewusster und unbewusster menschlicher Interaktion.

In diesem Buch wirst du lernen, wie du andere Menschen besser einschätzen und besser beeinflussen kannst.

Weiterhin möchte ich mich in diesem Buch mit der Frage beschäftigen, was eigentlich das menschliche Verhalten in einem Verkaufsprozess bestimmt. Mitunter sind es unsere Vorstellungen und Glaubenssätze.

Mit welchem Glaubenssatz bist du im Verkaufsprozess unterwegs, mit einem positiven oder negativen? Was ist überhaupt das Ziel im Verkauf? Was, glaubst du, treibt dich an: Kundenzufriedenheit, Vertrauen, Abschluss oder langfristige Bindung?

Und nun die Auflösung: Es ist nicht der Abschluss, der einen erfolgreichen Verkäufer ausmacht, sondern der „Kundenschwarmeffekt".

Es geht um den Netzwerkeffekt überhaupt: Verhalte dich so gut, dass der andere im Idealfall von alleine auf die Idee kommt, dich weiterzuempfehlen.

Wenn du zum Kundenschwarm werden willst, musst du sowohl an deiner Persönlichkeit arbeiten als auch überlegen, was du tun kannst, um einen Schwarm an Kunden zu bekommen.

Genau damit beschäftige ich mich in diesem Buch. Dazu werde ich diverse Grundgedanken, die im Laufe der letzten Jahrzehnte zum Thema Verkauf genannt wurden, von zwei Seiten beleuchten.

Doch dass du bloß durch irgendein Buch oder einen Impuls besser wirst, ist ein Irrglaube. Alles basiert auf einem intensiven und wiederholten Training.

Keine Tagesveranstaltung und kein Buch der Welt haben jemals einen erfolgreichen Verkäufer produziert. Verkäufer sollten ihr Verkaufsverhalten nicht nur deshalb verbessern, um noch wirkungsvoller zu werden, sondern vor allem, um ihren Kunden gegenüber ein würdiger Geschäftspartner zu sein. Es ist wie beim Poker: Nichts ist schlimmer, als mit jemandem zu zocken, der die Regeln nicht kennt, die offensichtlichsten Täuschungen übersieht und über jedes Hindernis stolpert. Das ist doch langweilig.

Ein Kunde schätzt dich als „mächtig" ein, was sicher oft stimmt. Du schreckst ihn aus seinem „Winterschlaf" auf und willst ihn auf etwas aufmerksam machen, worüber er noch nie nachgedacht hat. Wenn du das schaffst, wirst du von deinen Kunden respektiert.

Jeder Verkäufer hat letztlich nur sich selbst und seine persönliche Art und Weise, wie er mit anderen umgeht. Ist es da nicht spannend zu beobachten, dass folgendes Ergebnis zustande kommen kann?

Einem Unternehmer ist eine Büroinfrastruktur, die ihm Verkäufer A für 6.000 Euro anbietet, offensichtlich zu teuer.

Kaum drei Monate später kauft er eine Druckerlösung mit praktisch der gleichen Leistung, aber zum Preis von 9.650 Euro vom Konkurrenzunternehmen B per Ratenzahlung.

Was denkst du? Muss man sich fragen: Ist es denn nicht manipulativ, mit anderen Menschen so umzugehen?

Der Käufer, wir alle, möchten doch „sachlich beraten" und nicht irgendwie psychologisch beeinflusst werden!

Ganz sicher?

Thomas Sajdak

Natürlich will niemand gegen seinen Willen beeinflusst und zu Handlungen veranlasst werden, die nicht seiner eigenen freien Wahl entsprechen.

Kaufen finden die meisten super. Aber dass uns jemand etwas bewusst verkauft! Pfui!

Bei einem Kauf wollen wir frei wählen! Das ist genau das Entscheidende. Wenn wir diesen Aspekt genauer betrachten, müssen wir VERKAUFEN etwas edler und umfassender definieren:

Verkaufen ist die Fähigkeit, andere zu einem Kauf zu veranlassen, ohne dass sie merken, dass wir mit dieser Entscheidung irgendwie etwas zu tun hatten.

Was ist das nur für eine Hexerei, wenn Top-Verkäufer dazu imstande sind?

Wir alle wollen frei wählen, entscheiden und bestimmen können. Wir wollen das tun, was uns gefällt beziehungsweise unserem eigenen Wohl dient.

Und darum geht es! Wir wollen den Verkäufer, der uns glücklicher macht, der uns etwas Leichtigkeit schenkt. Niemand will nur sachlich beraten werden.

Ein schlechter Verkäufer ist derjenige, der nicht das Glück des Kunden, sondern nur sein eigenes Glück oder Geld im Auge hat. Ein schlechter Verkäufer ist aber genauso auch derjenige, der mich als Kunden daran hindert, das zu tun, was ich gerne tun würde.

Es gibt Verkäufer, die so gut argumentieren können, dass sie ihre Kunden sogar davon abbringen, das zu kaufen, was diese wirklich wollten.

Hier ein Beispiel, das ich selbst einmal erleben musste, als ich ein neues Notebook kaufen wollte. Kannst du dir vorstellen, dass der Verkäufer es mir quasi vermiest hat?

Ich kam ins Geschäft und da waren die „Babys", die großen, die kleinen und die coolen Notebooks. Ich wollte ein Notebook. Am Anfang stellte sich der Verkäufer eigentlich ganz gut an.

Er stellte mir Fragen: Was ich wolle, wofür ich den Computer brauche, was ich damit mache. Nach meinen Antworten schätzte er mich dann als Kunden für ein günstigeres Notebook ein und fing an, mir alle Funktionen zu erklären.

Ich habe mich bestimmt zehn Minuten gelangweilt. Dann wagte ich die vorsichtige Frage: „Und das dort hinten, sind das die neuen Notebooks?" Rate mal, was der Typ antwortete.

„Wir im Laden sagen immer, dass man echt bescheuert sein muss, wenn man diese Notebooks kauft, wenn man nicht mindestens fünf Stunden pro Tag spielt und nebenbei hochauflösende Videos schneidet."

Da ich dem Verkäufer vorher gesagt hatte, dass ich das Notebook nur etwa zwei Stunden täglich brauchen würde, hatte ich nun zwei Möglichkeiten:

01. Ich konnte weiterhin auf meinem Notebook beharren und in den Augen des Verkäufers ein bisschen dämlich wirken.

02. Oder ich konnte erhobenen Hauptes heraus spazieren und mein Notebook woanders kaufen.

... natürlich entschied ich mich für Variante 2! :-)

Wenn wir die Menschen so behandeln, wie sie sind, dann machen wir sie schlechter. Das ist der Grund, warum der kluge Verkäufer niemals nur einen einzelnen Abschluss ins Auge fasst. Es genügt nicht einmal, sich „einen zufriedenen Kunden" als Ziel zu setzen.

Was hast du als Unternehmer mit einem zufriedenen Kunden gewonnen? Nur diesen einen Kunden.

Was bedeutet es, wenn er von dir, deinem Unternehmen, deinem Angebot und der Zusammenarbeit so begeistert ist, dass er dich von alleine weiterempfiehlt?! Wenn er dir hilft, weitere Kunden zu gewinnen? Was ist, wenn er dein neuer Online-Marketingchef ist?

Nicht der Abschluss, nicht der zufriedene Kunde, nicht der Kunde, der mir wieder einmal einen Umsatz verschafft, ist das Ziel des modernen Verkäufers, sondern: die Empfehlung aus freien Stücken!

Und dieses Ziel und der Weg dorthin werden im Titel dieses Buches subsumiert: der „Kundenschwarm" beziehungsweise der „Kundenschwarmeffekt"!

Ein Bekannter verglich diesen Gedanken einmal mit einem Karateschlag, bei dem man ein Brett mit der bloßen Hand zerschmettern möchte.

Das Interessante dabei ist, dass die Karatekas dabei nie das Brett selbst fokussieren, sondern sich mental immer auf eine Bewegungslinie zwischen Faust oder Handkante und einem Punkt hinter dem Brett konzentrieren.

Ein schöner Vergleich: Fokussiere dich im Business also immer mindestens auf einen weiteren positiven Zustand dahinter. Also eben nicht nur auf einen Abschluss, sondern darauf, einen Kundenschwarmeffekt zu erzeugen beziehungsweise so ein Kundenschwarm zu werden.

Nehmen wir an, du kaufst dir ein neues Tablet. Könntest du dir als Kunde mehr wünschen, als dass du selbst von deiner Anschaffung begeistert bist?

Voller Stolz erzählst du all deinen Freunden, wie gut du im Shop beraten wurdest und wie gut deine Kaufentscheidung war. Auch der Verkäufer, der dir das Prachtstück empfohlen hat, kann sich nichts Besseres vorstellen. Der Kundenschwarmeffekt tritt in dem Moment ein, in dem du nicht mehr verkaufen musst, sondern für dich verkauft wird.

Mit diesem Ziel vor Augen ist es doch völlig egal, in welcher Tonart du mit dem Kunden redest oder welche vermeintlichen rhetorischen Tricks du verwendest. Vorausgesetzt, der Kunde kann spüren, dass du darum bemüht bist, alles in deiner Macht Stehende zu tun, um mit ihm den Kundenschwarmeffekt zu erzeugen.

Es ist nicht immer leicht, dem Kunden zu einer richtigen Entscheidung zu verhelfen. Es braucht immer eine Portion Vertrauen, die ein Kunde mit dir entwickeln muss, um eine solche Kaufentscheidung zu fällen.

Wer schon einmal einen Marathon gelaufen ist, weiß, dass ein etappenweises Vorgehen extrem wichtig ist. Und wie in allen Lebensbereichen schaffen wir die Basis für den Verkaufserfolg schon, bevor wir überhaupt „loslaufen".

01. **Die Vorbereitung:** Das Ziel dieser Etappe ist es, selbst von deinem Produkt überzeugt zu sein oder zumindest das Gefühl zu verspüren, einem Kunden davon berichten zu wollen.

02. **Die Akquise und der Erstkontakt:** Das Ziel ist ein zukünftiger Kunde, der in jeder Zelle spürt, dass du dich mehr für seine Bedürfnisse interessierst als für die Verherrlichung deines eigenen Angebots.

03. **Der Pitch, die Präsentation:** Hier geht es darum, dass ein potenzieller Kunde versteht, dass dein Produkt für ihn das richtige ist und dass du für ihn der einzig vertrauensvolle Geschäftspartner bist.

04. **Das Angebot:** Mache deinem Kunden ein Angebot, das genau die Vorstellung trifft, die in seinem Kopf existiert.

05. **Der Abschluss:** Erhalte ein JA vom Kunden!

06. **Die Kundenbetreuung:** Das finale Erreichen des Kundenschwarmeffekts – ein Fan, der stolz darauf ist, dich beim Verkaufen zu unterstützen. Ein Fackelträger für deine Dienstleistung oder dein Produkt und für dich als Mensch. Oder auch Kunden, die durch wiederholten exzellenten Service immer wieder in ihrer Begeisterung bestätigt werden.

In diesem Buch werde ich auf die unterschiedlichen Phasen immer mal wieder eingehen.

Ich habe es geschrieben, damit du zum Kundenschwarm wirst und dir einen Stamm wirklich loyaler und begeisterter Kunden aufbaust. Der Kundenschwarmeffekt kann nur entstehen, wenn du dich mental nicht bloß auf den reinen Produktverkauf fokussierst.

Du musst den Menschen für dich gewinnen. Erst wenn du die Gefühlswelt deines Gegenübers erreichst, kommst du einer Empfehlung für dein Produkt und für dich als Mensch ein Stück näher.

Ich merke immer wieder, dass einige Unternehmen nach der ultimativen Technik oder Methode suchen.

Aber merke dir eines: Denke niemals in „entweder-oder", sondern immer in „und" oder „auch". Je mehr Instrumente du nämlich kennst, umso flexibler bist du in bestimmten Verhandlungssituationen.

Es ist ein Zusammenspiel von Wirkung, Einstellung, Techniken und Strategien. Alles, was am Ende passiert, ist letztlich vor allem eine Frage deiner eigenen Wirkung.

Nachdem du mein Buch gelesen hast, wirst du verstehen,

- welche Einstellung Top-Verkäufer haben

- welche Verkaufstechniken es gibt

- warum eine angemessene Wirkung so enorm wichtig ist

- dass es kein Schwarz-Weiß gibt

- warum es nicht die eine richtige Methode ist, sondern eine Kombination von Instrumenten und Rezepten, die dich erfolgreich machen.

In diesem Buch erkläre ich dir, warum einige wenige Unternehmer zum Kundenschwarm werden und andere nicht. Und ich zeige dir natürlich, wie auch du es schaffen kannst, einer zu werden.

Ich nehme dich mit auf eine Reise, die wahrscheinlich zu Lebzeiten nicht aufhört: besser zu werden. Denn das macht erfolgreiche Menschen aus.

Sie hören nie auf, an sich zu arbeiten und besser zu werden. Mit dem richtigen Lernverständnis wird deine Reise nach diesem Buch beginnen und hoffentlich fortgesetzt werden.

Du wirst in der Lage sein, die Punkte aus meinem Buch in die Praxis zu übertragen, entscheidende Fähigkeiten zu trainieren und Situationen richtig zu reflektieren.

Mein Buch soll für jeden, der sein Ziel erreichen möchte, ein Impulsgeber sein. Wie eine Art Arbeitsbuch, das du immer wieder zur Hand nehmen kannst, um zu prüfen, welche der Instrumente du wirklich verstanden hast und bereits anwendest und welche noch ausbaufähig sind.

Beim Erfolg geht es letztendlich immer um die hundertprozentige Konsequenz der Anwendung und nicht um bloße Theorien. Du musst dich selbst immer wieder disziplinieren, das Gelernte zu hinterfragen, zu spiegeln und in der Praxis zu testen.

Du als mein Leser und Kunde hast übrigens genau jetzt selber die Wahl.

Und zwar wahrzunehmen, dass der eine oder andere Punkt bisher nicht mit deiner Ansicht oder deiner gegenwärtigen Funktion beziehungsweise Tätigkeit übereinstimmt: „kenn ich schon", „bringt mir nichts", „zu primitiv, zu trivial und unwissenschaftlich".

Thomas Sajdak

Du hast aber auch die Wahl, nicht schnell zu urteilen, sondern dich zum Nachdenken und darüber hinaus zum genauen Beobachten und Experimentieren inspirieren zu lassen.

Sieh alles, was dir beim Lesen nicht zusagt, als Flexibilitäts- oder Kreativitätstest. Denn im Geschäftsleben ist es immer besser, offen und flexibel zu bleiben. Du gewinnst mehr, wenn du nicht nur auf alten Gewohnheiten und Prinzipien bestehst. Bleib neugierig! Und ja, zweifle auch mal!

Ich habe dieses Buch bewusst in vier Teile gegliedert:

01. Zu Beginn gehe ich darauf ein, was erfolgreiche und überzeugende Verkäufer und Menschen ausmacht. Ich durchleuchte diverse Facetten und Faktoren, die bei jeder Kommunikation eine Rolle spielen.

02. Anschließend zeige ich dir die wichtigsten Denkmuster, die erfolgreiche (Top-)Verkäufer beziehungsweise echte Kundenschwärme nutzen. Also Eigenschaften und Mindsets.

03. Im nächsten Schritt geht es um zielführende Verkaufstechniken. Unter anderem gehe ich auf rhetorische Fähigkeiten, den Aspekt der positiven Gedanken und den Umgang mit negativen Erlebnissen ein.

04. Der letzte Teil befasst sich mit den Erfolgsstrategien der Kundenschwärme und soll dir zeigen, wie auch du herausragende Ergebnisse erzielen kannst.

Als Trainer und Speaker schule ich Vertriebs- und Führungskräfte nicht nur im Bereich der Verkaufstechniken. Ich helfe ihnen auch dabei, das richtige Mindset aufzubauen, mit dem sie noch erfolgreicher werden.

Warum? Ohne die richtige Einstellung bringen die besten Techniken schlichtweg gar nichts.

Wenn dasselbe zugleich richtig und falsch sein kann, ist es umso schwieriger, das VERKAUFEN in Rezepte zu fassen.

Die Kunst des Praktizierens aller Rezepte ist daher immer eine Frage der Angemessenheit. Und genau darum soll es in diesem Buch gehen: angemessene Wirkung im Vertrieb. Denn die zeichnet erfolgreiche Verkäufer aus.

KUNDENSCHWARM

TEIL I:

WAS ZEICHNET ERFOLGREICHE VERKÄUFER AUS?

Thomas Sajdak

Bevor wir auf die Gemeinsamkeiten erfolgreicher Verkäufer eingehen, möchte ich kurz den Begriff „verkaufen" definieren. Verkaufen ist die Fähigkeit, andere zum Handeln zu bewegen.

Und genau deshalb spielt Wirkung ja auch so eine fundamentale Rolle. Ob als Verkäufer, Politiker oder in anderer Funktion. Alle sind in der Lage, in ihren Mitmenschen etwas auszulösen.

Beim Verkaufen zeigt sich diese Fähigkeit durch erfolgreiche Abschlüsse und weitere Empfehlungen. In der Politik dadurch, dass die Leute jemanden wählen.

Als Verkäufer musst du Informationen richtig einsetzen, andere Menschen überzeugen und (so komisch das klingt) ihnen das Gefühl vermitteln, sie hätten ihre Entscheidung selbst getroffen.

Wir wollen nicht, dass uns etwas verkauft (oder „aufgeschwatzt") wird, weil wir Angst vor Manipulation haben. Genau diese Angst löst ein schlechter Verkäufer schnell aus, wenn er versucht, sein Gegenüber zu überreden.

Ein guter Verkäufer hingegen erreicht, dass wir selbst die Kaufentscheidung treffen.

Gib deinem Gegenüber immer das Gefühl, dass er selbst seine Entscheidung getroffen hat. Verkaufe nicht, sondern hilf bei der Kaufentscheidung. Lass immer den anderen Held sein, wenn es um Entscheidungen geht.

Verkaufen ist ein wenig wie „Malen nach Zahlen". Dabei nimmt der Kunde jedoch nicht wahr, dass die Bilder, die er ausmalt, auch etwas mit dir, deinen Fragen und Anregungen zu tun haben. Hat der Käufer sein „Gemälde" fertiggestellt, fühlt er sich wie der Held.

Welche Dimensionen spielen beim Verkauf eine Rolle?

Wir haben nun definiert, was Verkaufen bedeutet. Im Folgenden möchte ich darauf eingehen, welche Aspekte den Verkaufserfolg beeinflussen. Um diese Bausteine optimieren zu können, musst du sie zunächst einmal wirklich verstehen.

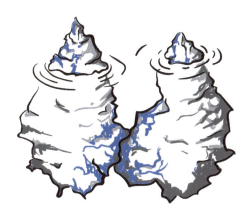

1. Einstellung: Bewusstsein oder Unterbewusstsein

Erfolg beginnt im Kopf. Dabei spielen Techniken, die du gelernt hast, per se erst einmal keine Rolle. Neudeutsch formuliert: Du brauchst das richtige Mindset!

Ein Beispiel: Hast du dich schon einmal irgendwann in deinem Leben aus einer sicheren Angestelltensituation heraus irgendwo beworben, um deinen aktuellen Marktwert zu prüfen? Wie wirktest du in diesem Gespräch?

Vermutlich doch locker und sicher, denn du hattest in dem Moment noch eine Alternative. Genau das meine ich mit einem erfolgreichen Mindset: Du weißt immer, dass es Option B gibt, falls A nicht geht.

Wenn du keine Alternativen hast, kämpfst du innerlich mit einer Angst, die dein Gegenüber spürt. Diese Angst zeigt sich als Eindruck bei dem anderen, dass du es „sehr nötig hast". Das erzeugt jedoch keine Begehrlichkeit.

Wenn du einen Abschluss nötig hast, dann spüren es andere. Genauso wie sie spüren, dass du um einen Job bettelst. Nur wer sich alle Alternativen im Leben zutraut, kann erfolgreich werden.

Fehlt dir dieser Gedanke in einem Bewerbungsgespräch, verhältst du dich automatisch unsicher. Es hat Einfluss auf deine Wirkung. In meinen Seminaren simuliere ich solche Gespräche immer wieder.

Diejenigen, die eine Alternative im Kopf haben, treten völlig anders auf.

Stell dir einmal das mentale Gegenbeispiel vor: Du konntest deine letzte Miete nicht bezahlen, hast schon vier Bewerbungsabsagen und weißt nicht, wie es weitergehen soll.

Wie wirkst du bei deinem nächsten Bewerbungsgespräch? Wahrscheinlich bettlerisch beziehungsweise zumindest nicht mehr ganz so selbstsicher.

Ohne eine Kombination aus der richtigen Technik und einem guten Mindset, das Alternativen kennt, wirst du eher bedürftig wirken. Fühlst du dich dem Kunden unterlegen, wirst du verlieren.

Denn dein Gegenüber wird deine Einstellung immer spüren. Du musst Fragen stellen und auf deinen Kunden eingehen. Lass ihn spüren, dass du neugierig bist und dich wirklich für ihn interessierst.

Sobald du nur an deine eigenen Ziele denkst, wird er sich zurückziehen. Er fühlt sich unter Druck gesetzt.

Deine innere Haltung – dein Mindset – beeinflusst maßgeblich, wie du dich verhältst, wie du sprichst und somit auch welche Gefühle du bei anderen hervorrufst.

Achte also mehr auf deine Gedanken, denn sie bestimmen über die Wirkung deiner Worte.

2. Technik: sichtbare Elemente

Damit sind deine rhetorischen Fähigkeiten und deine Kommunikationsstrategie gemeint.

Beispiel: Verkäufer A kommt zum Kunden, packt sofort seine Prospekte aus und erzählt von seinem Produkt. Er stellt erst einmal sämtliche Fakten vor.

Verkäufer B setzt sich zunächst an den Tisch und beginnt eine Unterhaltung mit seinem Kunden. Er stellt ihm Fragen und versucht, ihn und sein Unternehmen besser kennenzulernen. Was denkst du wohl, wer bessere Chancen auf einen Verkauf hat? Natürlich Verkäufer B.

Als Verkäufer musst du herausfinden, was deinem Kunden wichtig ist und was er braucht. Nur so kannst du zu ihm durchdringen.

> *„Reden ist ein Bedürfnis*
> *und Zuhören eine Kunst.“*

Viel zu reden oder jemand anderen sogar zu überreden stillt nur ein eigenes Bedürfnis. Wenn du stattdessen aber aufmerksam zuhörst, um die richtigen Impulse zu geben, gewinnst du Vertrauen.

3. Wirkung: bewusst oder unbewusst

Die Kombination aus Einstellung und Technik bestimmt am Ende deine Wirkung. Bevor ich näher darauf eingehe, warum Wirkung so wichtig ist, möchte ich mit einer kleinen Übung starten:

Welche Eigenschaften fallen dir ein, wenn du an überdurchschnittlich erfolgreiche Menschen denkst?

Schreibe sie hier auf:

01. _____

02. _____

03. _____

04. _____

05. _____

06. _____

07. _____

08. _____

09. _____

10. _____

Die Teilnehmer meiner Trainings listen meistens spezielle Kompetenzen und persönliche Eigenschaften auf. Zum Beispiel Fachwissen, Ehrgeiz, Begeisterungsfähigkeit, kommunikativ, empathisch, Stehaufmännchen und so weiter.

Jetzt nimm einen roten Stift in die Hand und streiche alles durch. Warum?

Du kennst sicher Menschen, die über sehr viel mehr Wissen verfügen als du selbst. Angenommen, du nimmst einen dieser Menschen mit zu einem deiner Kunden. Dann ist das noch lange kein Garant dafür, dass ihr aus dieser Verhandlungssituation erfolgreich zurückkommt, oder?

Manchmal passiert genau das Gegenteil. Zu viel Wissen kann auch dazu führen, dass ein Verkäufer den Kunden verunsichert und verschreckt. Wissen alleine reicht daher keineswegs aus, um Erfolg zu haben.

Und auch angewandtes Wissen: Denke an dein privates Umfeld. Wie viele Menschen kennst du, die wirklich etwas können?

Heutzutage gibt es diverse Freiberufler, Programmierer, Organisatoren, Buchhalter, Coaches, Trainer am Markt, die viel wissen und können. Dennoch steht ihr wirtschaftlicher Erfolg selten in einem vernünftigen Verhältnis zu ihrem Können.

Es reicht also nicht aus, sich bloß viel Wissen anzueignen, lange zu studieren oder eine nette Persönlichkeit zu sein. Du wirst nur dann erfolgreich, wenn du dieses Wissen auch WIRKUNGSVOLL übertragen kannst.

Wir wirken permanent auf unser Umfeld und vor allem auf das Unterbewusstsein dieser Menschen. Wie Werbung. Werbung setzt auch permanente Impulse.

Jeder Unternehmer kann so viele Kunden und Mitarbeiter für sich gewinnen, wie er möchte. Vorausgesetzt, er versteht die Gesetze der Wirkung.

Stell dir eine Rolltreppe vor. Bei manchen Menschen läuft sie wie von alleine. Bei anderen ist sie kaputt, sodass die Leute selbst hochlaufen müssen. Manchmal bewegt sie sich sogar rückwärts.

Doch wer oder was treibt diese Rolltreppe eigentlich an und entscheidet über deinen Fortschritt? Klar, Glück ist sicherlich ein Faktor (den du nicht beeinflussen kannst).

Der wichtigste Erfolgsfaktor sind daher die Menschen in deinem Umfeld. Natürlich wirkt dieses Umfeld auch sehr stark auf dich.

Beim Erfolg geht es aber zunächst sehr stark darum, auf sein Umfeld bewusst zu wirken! Die Art und Weise, wie du auf andere Menschen wirkst, bestimmt maßgeblich über deinen Erfolg.

Wenn dein Chef ein negatives Bild von dir hat, wird er dich möglicherweise trotz deiner Kompetenz nicht befördern und deine Karriere bleibt auf der Strecke. Das Gleiche gilt in Bezug auf deine Kunden.

Wenn du ihnen kein sicheres Gefühl vermittelst, werden sie kein Geschäft mit dir eingehen und dich auch nicht weiterempfehlen. Damit ist auch dein Wirkungsgrad sehr begrenzt.

Du wirst auch nie das Gehalt bekommen, das du verdienst. Du wirst immer das Gehalt bekommen, das du deinem Chef „verkauft" hast.

Verlässt der Kunde das Gespräch jedoch voller Begeisterung und erzählt seinem Netzwerk davon, wird die metaphorische Rolltreppe sich wie von selbst bewegen und der Kundenschwarmeffekt nimmt seinen Lauf.

> *Menschen, die das Wirkungsprinzip verstehen und richtig anwenden, sind erfolgreiche Verkäufer.*

Der wahre Erfolgsturbo tritt aber erst ein, wenn man primär auch das Wohl seiner Kunden im Kopf hat. Google mal das Reziprozitätsprinzip, das erklärt dir, worum es hier geht.

Sei dir immer bewusst: Deine Wirkung entscheidet am Ende darüber, ob du den Verkauf machst und erfolgreich bist oder nicht.

4. Strategie: was, wann, wie?

Die richtige Einstellung, Technik und Wirkung bilden die Grundlagen für deinen Vertriebserfolg. Mit der richtigen Strategie setzt du diese Bausteine auch zum richtigen Zeitpunkt und an den richtigen Stellen ein.

- Was machst du wie und in welcher Reihenfolge?

- Wie gehst du am Markt vor?

- Wo willst du Wirkung erzeugen?

- Welche Tools nutzt du?

- Wie bist du ausgestattet?

- Nutzt du Online- und Offline-Möglichkeiten?

- Kannst du den Überblick behalten?

- Welche Zielgruppe hast du?

Nur wenn du strukturiert vorgehst, holst du das meiste aus deiner Zeit beziehungsweise Energie heraus und kannst deinen Erfolg zuverlässig reproduzieren.

Und darum geht es neben Glück immer bei Erfolg: Wie kannst du deinen Erfolg bewusst reproduzieren?!

Der entscheidende Unterschied zwischen schlechten Verkäufern und Top-Verkäufern

Ich möchte dir jetzt die wichtigste Frage stellen. Wenn du sie richtig beantwortest, hast du vermutlich bereits 80 Prozent dieses Buches verstanden. Ansonsten empfehle ich dir, mit absoluter Aufmerksamkeit weiterzulesen.

Welches Ziel verfolgst du, wenn du mit einem Kunden in Kontakt trittst, ob auf deiner Website oder vor Ort? Was ist das Ziel?

Bitte schreibe die Antwort jetzt hier auf:

_____

Anhand deiner Antwort kannst du sofort überprüfen, ob du schon zu den Top-Verkäufern gehörst oder noch nicht.

Hast du „Kundenschwarmeffekt" aufgeschrieben? Wenn du Kunden gewinnst, die nicht positiv von dir sprechen, macht dein Erfolg nach jedem Verkauf halt. Nur wenn sie dich empfehlen und von dir „schwärmen", vergrößern sich dein Einfluss und dein Erfolg, ohne größeres Zutun.

Stell dir zwei Kategorien von Verkäufern vor. Der eine verfolgt das Ziel, nur einen Abschluss zu machen. Der andere möchte so gut sein, dass der Kunde ihn konstant weiterempfiehlt. Wie unterschiedlich werden sie wohl auftreten und sprechen?

Glaubst du, der Kunde merkt den Unterschied in der Einstellung der beiden? Natürlich! Der Kunde wird den Unterschied zwischen dem einen und dem anderen Verkäufer deutlich spüren. Und zwar anhand der Verhaltensmuster.

Als Kundenschwarm ...

- wird es dir leichter fallen, neue Kunden zu gewinnen

- kannst du höhere Preise durchsetzen, weil Kunden auf dich und deine Leistung vertrauen

- wirst du konstant weiterempfohlen und dadurch immer schneller wachsen

- wirst du mehr Spaß bei der Arbeit haben, weil du auch auf menschlicher Ebene mit deinen Kunden harmonierst.

Aus diesen Gründen schauen wir uns in diesem Buch ganz genau an, was du tun musst, um den Kundenschwarmeffekt im Umgang mit deinen Geschäftskontakten zu erreichen.

Ich werde dir jedoch nicht die EINE Lösung zeigen. Denn du musst alle Facetten kennen. Es ist immer eine Kontext-Frage, also abhängig von der Situation, wann welche Fähigkeit oder welches Verhalten gefragt ist.

Ein Beispiel: Wenn ich ein gut gelaunter, positiver Mensch und Verkäufer bin, der begeistert von seinem Produkt sprechen kann, mögen Neukunden mich sicher.

In der Abschlussphase kann diese Stimmung jedoch schnell kippen. Zum Beispiel dann, wenn ich zu euphorisch bin oder bleibe und mir aufgrund meiner Euphorie wichtige Details entgehen.

Wir sollten unvoreingenommen und demütig bleiben, damit unsere Wahrnehmung weder von Euphorie noch von Angst dominiert wird und wesentliche Informationen weiterhin bestens verarbeiten kann.

„Unsere menschlichen Schwächen sind
nichts anderes als übertriebene Stärken."
– Marc Aurel

Extrovertierte Verkäufer sind nicht selten begeisterungsfähige Akquisiteure und gut in der Geschäftsanbahnung, dafür meistens schlecht darin, Abschlussrisiken zu verhindern.

Introvertierte Verkäufer sind schlecht in der Akquise, aber Meister des Zuhörens für die Vertragsgestaltung.

Lerne also besser, beides zu beherrschen!

Alles beginnt mit der richtigen Einstellung beziehungsweise der richtigen Denkweise. Und genau darum geht es im nächsten Teil des Buches.

KUNDENSCHWARM

TEIL II: DIE 8 DENKMUSTER VON KUNDEN-SCHWÄRMEN

Um den Kundenschwarmeffekt zu erreichen, musst du acht Denkmuster verinnerlichen. Dabei geht es nicht nur um das eine oder andere Extrem, sondern auch um die Grautöne: eine Angemessenheit passend zu deinem Gegenüber.

Wer nur die Techniken und die Strategien beherrscht, sich durch Seitenhiebe nach vorne bringt und im Herzen kein Verkäufer ist, wird langfristig nur auf Probleme stoßen. Leg deinen Fokus immer auf den Kunden.

1. LUST

Ein Kundenschwarm hat Lust auf seinen Job, ohne blind euphorisch zu sein

„Ohne Liebe ist jede Arbeit Sklaverei."
– Anjezë Gonxha Bojaxhiu

Deine Einstellung unterliegt zwei Motivationsmustern: der Weg-von-Motivation oder der Hin-zu-Motivation. In der Psychologie spricht man von Peinvermeid oder Lustgewinn.

Wenn ich im Folgenden von Lust schreibe, ist quasi auch immer der Begriff der Freude damit gemeint.

Stell dir folgende Frage: Gehst du nur arbeiten, weil du Angst hast, ansonsten nächste Woche zu verhungern? Oder weil du diesen Job so gerne machst? Das ist ein himmelweiter Unterschied in der Motivation (und somit auch in der Wirkung).

Was glaubst du, wie viele Leute ihre Arbeit heutzutage mit Freude und Leidenschaft ausüben?

Warum gibt es Menschen, bei denen man das Gefühl hat, dass sie in ihrem Job tagtäglich bloß Opfer bringen? Warum sprechen wir heutzutage von Work-Life-Balance, Burn-out oder Bore-out?

Arbeiten diese Menschen ihrem Chef zuliebe oder etwa doch um dieser Welt und anderen Menschen einen Nutzen zu stiften?

Die Realität ist, dass leider sehr viele Menschen nur für ein Gehalt am Ende des Monats Leid in Kauf nehmen. Es ist das beinahe erbärmliche Bild des Mannes oder der Frau, der/die einfach alles über sich ergehen lässt: den cholerischen Chef.

Die Projekte, die sie nicht im Geringsten interessieren, das „Ausgebranntsein", vielleicht sogar das „Ja-sagen-Müssen" entgegen den eigenen Werten. Alles nur wegen eines einzigen Vorteils, des Gehalts. Im besten Falle noch wegen der Aussicht auf etwas Anerkennung und in Hoffnung auf eine Beförderung oder die lang erwartete Rente.

Wie inspirierend anders erscheint dagegen das Dasein der Wissenschaftler, der Künstler, der Sportler und all jener Menschen, die ein wirklich ambitioniertes Ziel im Leben verfolgen. Bei diesen Menschen scheint jeder Schritt ein Sieg zu sein.

Was denkst du gerade beim Lesen dieser Zeilen?

„Das mag ja alles schön sein, aber mit dem Leben von Wissenschaftlern, Künstlern, Sportlern kann man meines doch nicht vergleichen!"

„Ich laufe im Hamsterrad des Alltags. Ich kann meinen Verpflichtungen einfach nicht entkommen."

Vielleicht stimmt es. Wir unterliegen alle dem Risiko, Arbeit und Anweisungen zu erdulden. Eines sollten wir aber immer bedenken: Wenn wir unsere Arbeit nicht mögen, wenn wir auf die Ergebnisse unserer Arbeit nicht einmal stolz sein können, wenn wir unter unserem Job vielleicht sogar leiden, dann wird keiner von uns jemals sein Bestes geben. Absolut keiner! Und das spüren auch unsere Kunden.

Warum Lust auf deine tägliche Arbeit wichtig ist

Wenn du den Anspruch hast, andere Menschen glücklich zu machen, zu etwas zu bewegen oder zum Abschluss zu bringen, musst du zunächst einmal bei dir selbst anfangen.

Es beginnt damit, ob du morgens Lust hast aufzustehen. Aus welcher Motivation heraus beginnst du deinen Tag? Wenn du hierauf keine Antworten findest, hast du ein Problem. Wenn du ein Leben führst, das du gar nicht willst, wirst du auch nicht erfolgreich sein. Zum Beispiel wenn du ständig denkst, dass du verkaufen MUSST.

Ohne Leidenschaft oder Lust funktioniert es nicht. Dann brauchst du gar nicht erst zu starten. Du wirst jeden Morgen ein Problem damit haben, dich aufzuraffen. Deine Kunden werden spüren, dass du nicht motiviert bist.

> *Wie willst du andere mit deiner Energie anstecken, wenn du keine zur Verfügung hast?*

Selbstverständlich gehören auch unangenehme Aufgaben zum Alltag dazu. Erfolgreiche Verkäufer bewältigen sie aber leichter, da sie sich auf die Punkte konzentrieren, die ihnen Freude bereiten.

Es wird immer Tage geben, an denen es dir schwerer fällt, dich zu motivieren. Genau dann ist es besonders wichtig, dich auf das zu fokussieren, was dir Spaß, Lust und Freude macht. Dazu habe ich eine kleine Übung für dich.

Übung

Erstelle eine kleine Mindmap. Schreibe drei Punkte auf, auf die du dich heute freust.

01. _____

02. _____

03. _____

Kein Verkäufer ist ständig motiviert und gut drauf. Die erfolgreichen sind jedoch in der Lage, ihre Gefühle zu regulieren. Deine Gefühle sind auch nur Routineprogramme.

Es geht bei dieser Übung darum, sich selbst zu konditionieren und auf die positiven Dinge zu fokussieren. Sei es ein

Telefonat mit einem Kunden, ein sonniger Tag oder ein schönes privates Treffen mit Freunden.

Entscheidend ist, dass wir es bewusst tun: Machst du alles fremdbestimmt oder ganz bewusst? Willst du der Gesellschaft proaktiv einen Nutzen stiften oder immer warten, bis dich jemand, zum Beispiel dein Chef, darum bittet?

> *„Lauf nicht herum und behaupte, die Welt schulde dir den Lebensunterhalt. Sie ist dir nichts schuldig. Sie war zuerst da!"*
> *– Mark Twain*

Es ist die Lust, die Freude, die Leidenschaft, die uns Außergewöhnliches erreichen lässt. Und das gilt auch für den Vertrieb und das Unternehmertum. Was du nicht mit Freude machst, wirst du niemals richtig gut machen.

Die Kauflust deiner Kunden schwankt

Auch die Lust deiner Kunden hat massiven Einfluss darauf, ob du erfolgreich bist.

Wenn du Kontakt zu einem Kunden aufnimmst, weißt du nie, in welcher Situation du ihn gerade erreichst. Vielleicht fühlt er sich an dem Tag besonders gestresst, hat wichtige private Verpflichtungen oder einfach nur schlechte Laune.

Womöglich hat er gerade eine Scheidung hinter sich oder es gab einen Todesfall in seiner Familie. Manchmal stimmt der Zeitpunkt und manchmal eben nicht. Es geht nicht nur um die Steuerung deiner Lust, auch die des Kunden ist entscheidend.

Im Idealfall stimmen beide überein. Ebenso negativ wirkt es sich aus, wenn du als Verkäufer keine Lust an der Arbeit hast. Diesen Punkt kannst du jedoch beeinflussen.

Wie sich die Verkäufer-Lust auf die Kunden-Lust auswirkt

Kürzlich kam ich als Verkaufstrainer zu einer großen Versicherungsgruppe. Ehrlich gesagt hatte ich einen ziemlichen Scheißtag und war durch meinen Umzug gestresst. Meine Lust hielt sich also wirklich in Grenzen.

Der Pförtner begrüßte mich in einer Art und Weise, wie ich selten empfangen werde. Mit französischem Akzent sagte er: „Herzlich willkommen hier bei der XY-Versicherung. Ist das nicht ein wunderschöner Tag? Wohin darf ich Sie führen, in welchen Raum?"

Seine Ausstrahlung war derart positiv und freundlich, dass sie meine Stimmung direkt erhellte und mein Tag insgesamt besser wurde. Auch das verstehe ich unter Wirkung.

Manche wollen vielleicht nicht als Pförtner arbeiten, weil sie diesen Job als wenig ehrwürdig empfinden. Für diesen Mann war es jedoch einer der schönsten Jobs auf dem Planeten.

Zumindest WIRKTE es so. Er gab mir das Gefühl, dass er seine Arbeit mit Leidenschaft ausübte. Außerdem kam ich mir wie der wichtigste Gast des Tages vor. Nur durch seine liebevolle Begrüßung.

Er hat in jedem Fall dazu beigetragen, dass mein Verkaufstraining an diesem Tag viel besser ablief, als zunächst zu befürchten stand.

Die Teilnehmer wussten das natürlich nicht. Wieder eine Form von Wirkung. Wir geben den Menschen in unserem Umfeld Resonanzen und kriegen diese immer in irgendeiner Form zurück.

Manchmal sehen wir es, manchmal nicht. Der Pförtner konnte es an dem Tag zwar nicht sehen, möglicherweise hat er seine Resonanz aber in anderer Weise zurückbekommen.

Menschen, die ihren Job gerne machen, respektiere ich sehr. Egal in welcher Funktion sie arbeiten. Damit nähern wir uns automatisch wieder dem Erfolgsgedanken. Warum macht jemand etwas, wenn er es eigentlich nicht will?

Man erlebt es ziemlich oft in Behörden, wo die Mitarbeiter völlig genervt und gelangweilt dasitzen. Dafür habe ich wenig Verständnis. Warum suchen sich diese Menschen nicht einen anderen Job?

Letztens wiederum wurde ich von einer sehr netten Dame beraten, als ich ein neues Smartphone kaufen wollte. Online hätte ich es zu einem niedrigeren Preis bekommen.

Dennoch entschied ich mich für ihr Angebot. Sie war voller positiver Energie und brachte mich schon am Telefon zum Lachen. Zum Schluss fragte ich sie, wie lange sie bereits für die Telefongesellschaft arbeitete. Mittlerweile waren es 15 Jahre, und sie machte ihren Job noch immer mit voller Motivation.

Ich sagte: „Meinen Respekt. Sie hätten jederzeit die Alternative als perfekte Verkaufstrainerin bei mir – beziehungsweise: Wann darf ich bei Ihnen anfangen?"

Unser Gespräch basierte auf starker gegenseitiger Wertschätzung, und das ist ein schönes Gefühl – eben für alle Parteien.

Warum Lust ein wichtiger Motivator ist

Worum sollte es dir im Vertrieb gehen? Zuerst einmal um die Freude an deiner Tätigkeit. Zum anderen natürlich auch um das Geld. Jeder Verkäufer wünscht sich Erfolge und Ergebnisse. Dazu gehört eine gute Bezahlung ebenfalls.

Aber es sollte eben nicht NUR darum gehen. Sinn und Freude sind die wahren Motivatoren.

Es gab eine interessante Studie zu diesem Thema. Man nahm zwei Zielgruppen von Kindern. Die eine las seit jeher gerne Bücher. Die Kinder der anderen Gruppe kamen aus eher schwachen sozialen Milieus, wo Lesen kein großes Thema war. Jetzt fing man an, beiden Zielgruppen für jedes gelesene Buch fünf oder zehn Dollar zu bezahlen.

Das Resultat war, dass beide Zielgruppen die Bücher lasen. Auch die Kinder, die bisher nie viel gelesen hatten.

Nach einer gewissen Zeit nahm man das Geld beiden Zielgruppen wieder weg. Was, glaubst du, passierte daraufhin?

Es ist schockierend, aber beide Gruppen hörten mit dem Lesen auf. Genau das ist so spannend.

Geld besitzt die Fähigkeit, sich über unsere ursprünglichen, intrinsischen Motive zu legen. Selbst Kinder, die zuvor von sich aus immer gerne gelesen hatten, hörten auf, als man ihnen die Aussicht auf Geld wieder nahm. Ihr ursprüngliches Motiv war durch den Geldanreiz zerstört worden.

Geld ist zwar wichtig zum Überleben, es kann aber auch eine ganze Menge kaputtmachen. Man darf den Fokus nicht primär darauf legen.

Erfolgreiche Menschen lassen sich niemals von Geld motivieren, sondern auch von einer Funktion, einem Produkt und dem Drumherum.

Es gibt diverse Studien darüber, dass Geld die intrinsische Lust des Menschen vernichtet. Manche Dinge verlieren sogar plötzlich an Attraktivität, wenn man Geld dafür erhält.

Der Mensch muss intrinsisch motiviert sein, um Erfolg zu haben. Wenn du bloß aufgesetzt einen Fragenkatalog abarbeitest, wird der Kunde das spüren und früher oder später dichtmachen. Als Verkäufer musst du deinem Gegenüber einen Impuls geben.

Irgendwelche Kunden-, Vertriebsstandards und Verhaltenstechniken alleine reichen nicht aus, um zu überzeugen. Es muss von innen kommen.

Zuerst kommt der Gedanke, dann das Gefühl und schließlich das Verhalten. In der falschen Reihenfolge wirkt nichts authentisch.

Wie Lust deinen Erfolg beflügelt und die Grenzen der Freude

Am Anfang meiner Karriere als Trainer war ich unglaublich terminstark und euphorisch in der Akquise.

Ich wusste auch, ich kam aus einer Welt der Telefonverkäufer, und ich machte wahnsinnig viele Termine. Aufgrund meiner eigenen Begeisterung und Euphorie war ich in der Lage, Menschen schnell zu begeistern und unzählige Treffen zu vereinbaren.

Was aber anschließend auf der Strecke blieb, war die Prüfung der Qualität und Relevanz dieser Termine. Mit großer Euphorie kannst du andere zwar anstecken, sie macht dich aber möglicherweise blind. Dir fehlt der Blick für das große Ganze und du beginnst, dir selbst etwas vorzumachen.

An dieser Stelle kommen wir aus meiner Sicht an eine Grenze. Ich habe mich schließlich vor lauter Terminen zu wenig auf die Inhaltsebene und die Qualität der Termine konzentriert. Der realistische Blick auf das, was wirklich zum Erfolg beiträgt, fehlte mir in dieser Zeit.

Euphorie ist immer nur kurzfristig, wenn sie auf andere überschwappt. Das ist übrigens auch der Grund, warum viele Pilger nach irgendwelchen Motivationsguru-Veranstaltungen schnell in ein tiefes Loch fallen.

Sie kommen aufgeladen mit der Euphorie eines anderen in ihre Realität und bemerken, dass sie zu nichts befähigt, sondern nur von Energie kurzfristig entflammt wurden.

Die Wahrheit ist, dass du unentwegt lernen und trainieren musst, um zu den Besten zu gehören.

> *Vorsicht daher vor zu viel Freude und Euphorie, sie macht dich blind.*

Du brauchst sicherlich die Lust und Freude für deinen Antritt. Gleichermaßen brauchst du aber auch eine gewisse Nüchternheit und Unvoreingenommenheit.

Entzünde genug Licht im anderen! Aber blende dich nicht selbst vor lauter Begeisterung!

2. RESPEKT

Ein Kundenschwarm ist respektvoll, ohne ehrfürchtig zu sein

W as ist überhaupt Respekt? Jeder hat ein anderes Verständnis. Mitunter versteht man darunter auch Angst, nach dem Motto: „Boah, meinen Respekt!" Für mich fällt Respekt vor allem in die Kategorie Anerkennung.

Im Lateinischen heißt es respectus und wird übersetzt mit „Rückschau, Rücksicht, Berücksichtigung". Auf jemanden Rücksicht zu nehmen bedeutet, zu wissen, dass man selbst nicht der Einzige auf dem Planeten ist. Oder auch sich nicht für den Größten zu halten, sondern seinem Gegenüber auf Augenhöhe zu begegnen.

Du sollst zwar als Persönlichkeit auftreten, aber deiner Umwelt immer Respekt entgegenbringen und Rücksicht nehmen. Erkenne die Andersartigkeit deiner Mitmenschen auch stets als Wert an, so kannst und wirst du von jedem Kunden etwas lernen.

Im Vertriebs- oder Businesskontext bestimmen Wirkung und Vorstellungen unser Verhalten. Die größte Triebfeder der Menschen ist die Suche nach Anerkennung und Bestätigung.

Wer das versteht, verhält sich allein deshalb seinen Kunden gegenüber respektvoll. Er hört ihnen aufmerksam zu und respektiert ihre verfügbare Zeit.

Respekt ist überhaupt das Schmiermittel unserer Gesellschaft. Im Vertrieb ist daher ein Aspekt besonders wichtig: Lass immer den anderen Held sein. Was meine ich damit? Übergib ihm die Entscheidungsgewalt, aber setze vorher die richtigen Impulse.

Ein wichtiges Thema in meinen Trainings ist die Typologie. Dazu gibt es einen schönen Satz:

„Finde das andere am anderen gut."

Entdeckst du bei jemand anderem deine eigenen Verhaltensweisen, ist derjenige dir gleich sympathisch. Deine besten Freunde ticken vermutlich sehr ähnlich wie du.

In der Geschäftswelt triffst du jedoch häufig auf vielfältige Charaktere, die nicht immer so ticken und denken wie du.

Vielleicht hast du einen Kunden vor dir, der besonders strukturiert vorgeht und dir als Verkäufer unangenehme Fragen stellt.

Auch wenn es manchmal schwierig erscheint, solltest du dich darüber freuen und in jeglicher Verhandlungssituation mit einer respektvollen und demütigen Grundhaltung unterwegs sein.

Warum? Du wirst dich seltener angegriffen fühlen. Bewundere lieber andere, statt zu versuchen anderen zu imponieren.

Viele Verkaufstrainer vergleichen Verkaufen gerne mit Flirten. Warum? Weil Flirten oft die höchste Form der gegenseitigen Bestätigung ist. Man schenkt dem anderen ein Lächeln, man trägt eine rosarote Brille und sieht nur das Positive in dem Menschen.

Kurzum, man sendet die ganze Zeit rhetorische und nonverbale Bestätigung. Hast du mal zwei flirtende Menschen beobachtet?

Dort wirst du Sätze hören wie: Ja, finde ich auch, ja, das mag ich auch, du bist aber witzig etc. Es ist ein Feuerwerk gegenseitiger Bestätigungen.

Der Partnergedanke: Verkaufen auf Augenhöhe

Ein gutes Verhandlungsgespräch verläuft daher ähnlich wie ein gelungenes erstes Date. Man bestätigt den anderen in dem, was er sagt, geht auf ihn ein, fragt nach und so weiter.

Die Einstellung zum Gegenüber spiegelt sich auf rhetorischer Ebene wider. Man tickt gleich und begegnet sich mit Respekt.

Als Verkäufer musst du darauf achten, die Grenze zwischen Respekt und Ehrfurcht nicht zu überschreiten. Natürlich solltest du deinen Wert kennen, aber auch den deines Gegenübers. Ihr trefft euch auf Augenhöhe.

Setzt du deinen Kunden in seinem Status innerlich jedoch über dich, überhöht sich der Respekt zur Ehrfurcht. Das hat wieder Einfluss auf deine Wirkung auf ihn, und es ist unwahrscheinlicher, dass er dich als kompetenten und ebenbürtigen Partner wahrnimmt.

In meinen Trainings führe ich immer eine Übung mit den Teilnehmern durch.

Dabei simulieren wir ein Bewerbungsgespräch. Einer der Teilnehmer spielt den Bewerber, der andere den Chef. Danach lasse ich die Rollen tauschen und wiederhole die Übung. Anschließend frage ich die Gruppe, ob ihnen etwas aufgefallen ist.

Den meisten fällt auf, dass der Bewerber immer eine unterwürfige Haltung eingenommen hat, was natürlich mit der eigenen Vorstellung zu tun hat, die er dieser Rolle beimisst. Diese Übung zeigt, dass man in der Lage ist, sich in die Rolle, die man bekommt, einzufügen.

Genau das passiert unterbewusst überall im Alltag. Wenn du im Gespräch mit dem Geschäftsführer zum Beispiel denkst: „Ich bin doch nur der Azubi hier im Vertriebsteam", überträgt sich das garantiert auf deine Wirkung.

Du wirst weniger selbstbewusst auftreten und die Wahrscheinlichkeit ist gering, dass du ihm ebenbürtige Fragen stellst.

Was hat der andere davon, wenn du dich selbst kleinmachst und nur ehrfürchtig zu ihm aufschaust? Gar nichts. Es fehlt nur die Grundlage für ein zielführendes Gespräch auf Augenhöhe.

Verkaufen geht nur mit Respekt

Auch in der Mitarbeiterführung spielt Respekt eine große Rolle. Verkaufen ist manchmal Führung. Denn auch Unternehmensziele wollen verkauft sein.

Wenn du ehrfürchtig gegenüber deinen Mitarbeitern oder Kollegen bist, kannst du nicht führen, weil du automatisch unter den anderen stehst. Und Führen bedeutet insbesondere Vorbild zu sein und bestimmte Dinge vorzuleben, statt darüber nur zu reden.

Übung

Liebe Leserin, lieber Leser, bitte erinnere dich an den schlimmsten Kunden, den du jemals hattest. Also, wirklich den allerschlimmsten.

Schließe bitte kurz die Augen, nimm einen Stift in die Hand und schreibe zehn Punkte (zehn positive Eigenschaften) auf, die du an diesem Kunden respektierst oder vielleicht schlichtweg magst. Bitte nimm dir Zeit dafür.

01. _____

02. _____

03. _____

04. _____

05. _____

06. _____

07. _____

08. _____

09. _____

10. _____

Diese Übung soll dir helfen, das Positive an der anderen Person wahrzunehmen. Möglicherweise stellst du sogar fest, dass der Kunde gar nicht so schlimm ist.

Die Teilnehmer meiner Trainings sagen immer: Wenn sie zehn Punkte fänden, die sie an einem Kunden respektierten, sei er ihnen erst gar nicht unsympathisch. Und genau darum geht es.

> *Die Sicht auf deine Kunden, Partner und Mitmenschen hat immer etwas mit deiner eigenen, gefärbten Wertebrille zu tun.*

Es gibt überall Licht und Schatten.

Der eine beschreibt eine Person als geizig, der andere hält sie für sparsam. Jede gute Eigenschaft kann im Kontext einer anderen Situation negativ gesehen werden.

Jede Stärke kann als absolute Schwäche interpretiert werden. Es hängt immer vom Blickwinkel ab. Mach dir das bewusst.

Vielleicht hast du bei der Übung soeben festgestellt, dass du diesen einen schlimmen Kunden plötzlich durch eine ganz andere Brille siehst.

Egal ob du dich in deinem Privatleben umschaust oder im Bereich Verkauf, die Grundfrage lautet: Spüren wir, ob ein Mensch uns mag beziehungsweise als Mensch respektiert?

Ich denke, die Antwort ist klar. Du kannst noch so viele Verkaufstrainings oder Ähnliches absolvieren, der Kunde merkt, ob du ihn wertschätzt oder ihn für einen Idioten hältst.

Achte also lieber zuerst auf deine Gedanken über andere, bevor du zu ihnen sprichst. Andere spüren unsere Gedanken.

Du kannst die besten Fragetechniken beherrschen. Wenn dein Gegenüber wahrnimmt, dass du ihn nicht respektierst, bist du raus.

Die andere Frage ist, ob sich ein Kunde, der dich nicht mag, etwas von dir verkaufen lässt oder ein Feedback annimmt. Wahrscheinlich nicht.

Das zeigt sich genauso in privaten Beziehungen. Zum Beispiel wenn es gerade einen Streit gab. Sobald der Partner das Verhalten des anderen und ihn als Person nicht mehr leiden kann, macht er auf emotionaler Ebene dicht. Er lässt sich nichts mehr sagen, selbst wenn der andere recht hat.

Genauso ist es im Verkauf. Der Preis, das Angebot und die Qualität mögen stimmen. Es kann Tausende Vertrauenssiegel und zufriedene Kunden geben.

Wenn der Kunde den Verkäufer jedoch „blöd" findet, lautet die Antwort Nein. Wir brauchen im Vertrieb stets zwei Jas: das Ja zum Produkt oder zur Dienstleistung und das Ja zum Menschen. Also das „Ja, ich möchte dich als meinen Berater oder Verkäufer haben".

In letzter Zeit höre und lese ich wieder öfter von dem Begriff „gönnen". Es ist ein wichtiges Wort. Bezogen auf den Verkauf heißt es: Erreichst du eine sympathische Beziehungsebene mit deinem Kunden, wird er dir auch deinen Erfolg als Verkäufer gönnen. Nicht aber, wenn der Respekt in Arroganz umschwenkt. Sei jemand, dem andere den Erfolg gönnen!

Diese ganzen Vertriebsgurus, die arrogant herumspringen und sich für die Besten halten, scheitern genauso wie andere Verkäufer auch. Vertrau mir! Fast jeder kann Arroganz und Selbstbeweihräucherung nicht leiden. Von solchen Leuten kauft man nichts.

Viele normale Menschen, die auf dem Boden bleiben, haben mehr von einem Top-Verkäufer, als ihnen vielleicht bewusst ist. Sie prahlen nicht, sondern bewahren sich eine gesunde Bescheidenheit.

Sie gehen respektvoll mit ihren Mitmenschen um. Durch diese Einstellung, ein professionelles Verhalten und die richtigen Fragen erzeugen sie eine überaus positive Wirkung und sind erfolgreicher als die meisten Angeber.

Warum fehlender Respekt dich scheitern lässt

Angenommen, für dich besteht die Aussicht auf eine Zusammenarbeit mit einem spannenden Kunden. Also eine super Referenz! Dann spielt meistens auch eine gewisse Ehrfurcht eine Rolle.

Ohne Respekt würdest du vermutlich sagen: „Gut, ich fahr mal zu dem Termin und schaue, was für ein Kunde das ist und was mich erwartet."

Der respektvolle Verkäufer denkt hingegen: „Ich habe eine coole Dienstleistung und Respekt vor diesem potenziellen Kunden und seiner für mich erübrigten Lebenszeit. Also ist es selbstverständlich, dass ich mein Verkaufsmaterial gut vorbereite und mir ein paar wirklich gute Fragen aufschreibe."

Der respektvolle Umgang mit deinen Kunden beginnt schon bei der Vorbereitung. Dein Kunde ist dir nicht egal, deswegen gibst du alles, um im ersten Gespräch einen guten Eindruck zu machen.

Johann Wolfgang von Goethe schrieb angeblich einmal zu Schiller: „Ich schreibe dir einen langen Brief, weil ich keine Zeit habe, einen kurzen zu schreiben."

Was bedeutet das Zitat für den Verkauf? Wenn du dir keine Zeit nimmst, dann wird ein Brief, eine E-Mail oder ein Verkaufsgespräch lang und ufert aus.

Deinem Gesprächspartner wird es möglicherweise schwerfallen oder keinen Spaß machen, dir zu folgen. Vorbereitung schafft Effizienz und spart Zeit.

Wer glaubt, schon alles zu können und über seinen Kunden zu wissen, handelt quasi respektlos.

Ein anderes Beispiel für Respektlosigkeit sind Annahmen über andere Menschen. Hier ein Beispiel im Gespräch: „Sie werden mir sicher zustimmen, dass jedes gute Unternehmen einen Trainer einstellen sollte."

Mit dieser Suggestivfrage nehmen wir anderen im Grunde ihre Entscheidungsfreiheit. Beziehungsweise, wir legen ihnen ihre Meinung schon halbwegs in den Mund.

In Amerika sagt man:

„You should never assume. You know what happens when you ASSUME. You make an ASS out of yoU and ME because that's how it's spelled." – Ellen DeGeneres

Die meisten Irrtümer menschlicher Kommunikation und damit nicht selten Respektlosigkeiten entstehen durch unzureichende Aufmerksamkeit, fehlende Informationen, Pauschalisierungen und eben Annahmen.

Teilweise auch durch Bagatellisierungen frei nach dem Motto: „Was bei Ihnen vorgefallen ist, ist doch überhaupt nicht schlimm. Das haben andere Kunden auch erlebt." Die Bagatellisierung eines Problems kann respektlos wirken.

In so einem Moment würdigt man nämlich den Schmerzpunkt seines Gegenübers nicht mehr. Vertriebler, die global agieren, verhalten sich manchmal schon unbewusst aufgrund kultureller Unterschiede respektlos.

Schlichtweg weil sie bestimmte Gepflogenheiten nicht kennen oder Verhaltensweisen nicht richtig einschätzen können.

Du solltest dich also vorher immer zu bestimmten Themen informieren. Beispielsweise ob das Händeschütteln in einem anderen Land als Frechheit gilt, ob ein Anzug zur Pflicht-Garderobe gehört, welche Sprache der andere spricht oder welche Normen und Kodexe existieren. Mit der richtigen Vorbereitung kannst du diese „Fettnäpfchen" umgehen.

Ich habe es häufig erlebt, dass ein Außendienstler hereinkommt und sich einfach direkt in das Büro des Kunden setzt. Womöglich noch auf den Stuhl des Kunden. Leute aus der alten Schule werden sich darüber mokieren.

Kleine Gesten und Höflichkeiten können innerhalb von Sekunden eine negative oder positive Wirkung erzeugen. Zum

Beispiel aufzustehen, wenn man jemandem die Hand schüttelt. Sind dir diese Kleinigkeiten stets bewusst?

Auch Vergleiche können respektlos wirken. Angenommen, dein Kunde erzählt dir, dass er sich letzte Woche seinen Knöchel umgeknickt hat, und du erwiderst: „Das ist doch gar nichts. Ich war gerade beim Marathon und hab mir mein Knie verdreht."

Erzählt dir dein Kunde etwas, worauf er stolz ist, solltest du ihm selbstverständlich gut zureden und seine Leistung nicht infrage stellen.

Der Klassiker des Vergleiches passiert einigen Schulkindern. Wenn der kleine Tim seit Langem mal wieder freudestrahlend mit einer Zwei-minus nach Hause kommt und die Mutter fragt, wer in der Klasse eine Eins geschrieben hat. Was passiert? Das Kind fühlt sich geknickt. Viele Vergleiche sind unfair. Deshalb Vorsicht davor!

Respekt kann man nicht vortäuschen

Auch gesprächstechnisch zeigt sich, ob du jemanden wertschätzt und respektierst oder nicht. Du willst den Kunden den Helden sein lassen?

Dann danke ihm nicht für seinen Kauf, sondern gratuliere ihm zu seiner Entscheidung.

„Da haben Sie eine sehr gute Entscheidung getroffen, Sie werden begeistert sein."

Gratulation ist immer stärker als reiner Dank. Dadurch bringst du deinen Respekt viel deutlicher zum Ausdruck und lässt den Kunden Held sein. Eine Gratulation stellt den anderen in den Mittelpunkt. Ein reiner Dank eher dich und die Sache.

Respektiere die Meinung des anderen. Zum Beispiel bei der Preisverhandlung. Es gibt drei Mantras, die ich anderen immer mitzugeben versuche. Räume jedem Kunden das Recht ein, eine andere Vorstellung vom Preis zu haben oder dein Produkt als teuer zu empfinden.

Du kannst auf deine Preise und Dienstleistungen stolz sein, die Meinung des anderen aber trotzdem respektieren. Im Zweifel sagst du respektvoll Nein.

Ein Kundenschwarm ist ein Profi, hat immer Alternativen und ist daher auf keinen Abschluss angewiesen. Er möchte den Menschen gewinnen. Im Übrigen spürt ein Kunde auch, ob du angewiesen bist auf einen Abschluss oder nicht.

Es ist sicher leichter gesagt als getan. Aber fühle dich nie in deinem Ego gekränkt.

Es kommt sicher mal vor, dass sich die Begeisterung deines Kunden für dein Produkt in Grenzen hält.

Natürlich kannst du nun geknickt sein und es ihn spüren lassen. Du könntest ihm zu verstehen geben, dass er keine Ahnung von deiner Dienstleistung oder deinem Produkt hat. Damit würdest du jedoch nur versuchen, dein Ego auf Umwegen mit dem Kunden wieder gleichzustellen.

KUNDENSCHWARM

Sinnvoller wäre es an dieser Stelle, Verständnis zu zeigen und nach einer gemeinsamen Lösung zu suchen. Frage ihn, welche Punkte für ihn beim Preis entscheidend sind.

Gib ihm aber gleichzeitig zu verstehen, dass du an diesem Preis festhältst und wie dieser zustande kam. Sollte der Kunde sich doch noch umentscheiden, möchte er bitte gerne auf dich zukommen.

Damit verläuft das Gespräch in einer völlig anderen Tonart. Du kannst immer Nein sagen, ohne dass dein Wert angegriffen wird. Respektiere die Meinung deines Kunden, selbst wenn du sie nicht teilst.

Du musst es aber auch wirklich so meinen. Sonst wirst du auf der unbewussten Ebene immer ein negatives Gefühl vermitteln. Warum? Weil Menschen letztlich immer spüren, was du denkst.

Ich habe derzeit einen Klienten, ebenfalls ein Trainer, den ich am Telefon zum Thema Preis coache. Er nimmt gelegentlich Tagessätze, die für einige in dieser Branche bereits sehr hoch sind. Für einen zweistündigen Vortrag bei einer Bank veranschlagte er kürzlich 4.500 Euro.

Die Sekretärin nannte ihrem Chef den Preis und dieser echauffierte sich furchtbar darüber. Er sagte, der Preis sei eine Unverschämtheit.

Mein Klient, der noch relativ neu in dem Business ist, ging daraufhin noch einmal in sich und unterbreitete anschließend ein Angebot von 1.500 Euro. Also bloß ein Drittel des vorherigen Preises. Damit signalisierte er eigentlich nur eines: dass er dringend auf den Auftrag angewiesen war. Übrigens empfinden sogar das einige Kunden als respektlos.

Warum? Dadurch zeigst du dem anderen, dass der erste Preis eigentlich gar nicht deinem Wert entsprach. Der Kunde fühlt sich reingelegt. Solche extremen Preisreduzierungen wirken absolut unprofessionell.

Auch pauschale Rabatte sind letztlich immer eine Form der Manipulation. Wenn ich einem Kunden 40 Prozent Rabatt auf ein Seminar gebe, kann er mich doch gar nicht mehr ernst nehmen. Er würde mit großer Wahrscheinlichkeit denken, dass mein Seminar ohnehin nicht mehr wert ist.

Respekt öffnet verschlossene Türen

Ein Bekannter von mir verkauft ein hochwertiges Produkt im Direktvertrieb. Der Preis ist relativ hoch, dafür bekommt man aber auch ein Top-Produkt, das es im Laden nicht zu kaufen gibt.

Dieser Verkäufer hatte eine Kundin, die nach der Präsentation aufgrund des Preises doch nicht kaufen wollte. Er zeigte ihr gegenüber viel Verständnis und bedankte sich für ihre Zeit. Danach packte er alles zusammen und verließ das Haus.

Als er bereits dabei war, das Produkt wieder im Kofferraum seines Autos zu verstauen, stand die Kundin plötzlich neben ihm und sagte: „Ich habe es mir noch einmal überlegt. Ich war so begeistert von Ihrer Präsentation. Sie haben sich wirklich Mühe gegeben und waren mir dennoch nicht böse, dass ich doch nicht kaufen wollte. Das kenne ich normalerweise nicht so. Lassen Sie das Produkt hier. Ich kaufe es."

Es wäre sicher nicht so abgelaufen, wenn der Verkäufer beleidigt reagiert hätte oder die Kundin hätte spüren lassen, dass sie keine Ahnung von der Qualität habe.

Du kannst immer nachhaken, aus welchem Grund der Kunde sich gegen dein Produkt entscheidet. Mit Warum-Fragen solltest du aber vorsichtig umgehen, da du deinen Verhandlungspartner auf diese Weise schnell in eine Situation presst, in der er sich rechtfertigen muss.

Überlege dir, mit welchem Motiv du die Frage stellst. Willst du dem Kunden damit beweisen, dass er ein Idiot ist, wenn er nicht bei dir kauft? Oder interessieren dich seine Beweggründe ernsthaft?

Nehmen wir an, meine Frau bittet mich darum, Windeln für unsere Tochter zu kaufen. Jetzt komme ich mit den Einkäufen nach Hause und die Windeln fehlen. Sie fragt mich: „Warum hast du keine Windeln gekauft?"

Mit der Frage möchte sie nicht in Erfahrung bringen, warum ich es nicht geschafft habe. Das interessiert sie in dem Moment überhaupt nicht.

Eigentlich will sie damit sagen: „Du Depp hast die Windeln vergessen!" Beziehungsweise, sie will mir einfach nur eins überbraten.

Es ist wichtig zu verstehen, dass dein Gegenüber das wahre Motiv deiner Frage vermutlich immer durchschaut, zumindest aber spüren wird. Wähle deine Fragen also mit Bedacht.

Die Säulen des Respekts

Es ist nicht immer einfach, bestehende Denkweisen zu verändern beziehungsweise an dein Umfeld anzupassen. Im Folgenden möchte ich auf die wesentlichen Punkte eingehen, die zu einem respektvollen Umgang mit deinen Kunden beitragen: dieselbe Sprache sprechen, Gemeinsamkeiten finden, Fehler eingestehen und Anerkennung geben.

Nur wer dieselbe Sprache spricht, kann kommunizieren, ohne dass Missverständnisse aufkommen. Denk daran, dass der Kunde immer der Held sein möchte.

Das heißt, du solltest ihm seine Werte, seine Sichtweisen und seine Meinung zugestehen, damit er sein Gesicht vor dir wahren kann. Gib ihm niemals zu verstehen, dass seine Äußerungen in deinen Augen dumm sind.

Akzeptiere seine Ansichten und sein Verhalten. Höre ihm gut zu und stelle Fragen, die seine Denkrichtung und somit Sichtweise ändern könnten.

Thomas Sajdak

Wenn du im Laufe der Verhandlungen einen Fehler machst oder eine Falschaussage getroffen hast, gestehe diese ein. Egal ob die Situation für dich positiv ist oder nicht.

Es gibt nicht das perfekte Verhalten in einer Verhandlungssituation. Aber es gibt immer das angemessene Verhalten in einer bestimmten Situation mit einem bestimmten Menschen. Dafür braucht es Mut, Erfahrungen und Reflexion.

Sei dir über den Wert deines Produkts bewusst. Vermittle dem Kunden, was er für sein Geld bekommt, ohne dass er das Gefühl hat, abgezockt zu werden.

Du bietest etwas an, das der Kunde braucht, und im Gegenzug zahlt er dir einen gewissen Preis. Es handelt sich also um eine faire, respektvolle Transaktion.

Mit dieser Einstellung wirst du sowohl eine angemessene Preisverhandlung führen können als auch letztlich die richtigen Kunden finden, die deinen Wert und den deiner Dienstleistung oder deines Produkts schätzen. Natürlich gibt es auch Kunden, die dich als Dienstleister schlecht behandeln.

Sie stehlen dir Zeit, halten alles unverbindlich und melden sich anschließend vielleicht nicht einmal mehr. Solche Kunden brauchst du nicht. Solche Kunden braucht niemand. Wenn du dich respektvoll verhältst, kannst du das Gleiche auch umgekehrt erwarten.

Manche Kunden stellen in der Verhandlung vielleicht auch einmal irritierende oder sogar provozierende Fragen. Zum

Beispiel wie erfolgreich du in deinem Business bist oder Ähnliches. In einer bedeutenden Verhandlungssituation in meinem Tätigkeitsfeld wurde ich einmal in einer Runde von Vorständen mit forderndem Ton gefragt, was mich überhaupt dazu befähige, diesen und anderen Menschen zu erzählen, wie Führung funktioniert.

War das eine rein sachliche Frage? Nein, war es nicht.

Vermutlich wollte man prüfen, wie ich mit solchen Situationen umgehe beziehungsweise mich einfach nur einmal aus der Reserve locken. Die Frage nach meiner Qualifikation war und ist im Prinzip völlig legitim und nachvollziehbar. Dennoch hatte sie einen besonderen Beigeschmack.

Also antwortete ich: „Ich sage Ihnen gerne, was mich qualifiziert. Aber nur wenn Sie mir danach sagen, was Sie qualifiziert einzuschätzen, ob ich damit auch qualifiziert bin."

Zugegeben, die Antwort wirkte etwas frech. Die Teilnehmer lachten aber, womit die Stimmung im Saal wieder aufgelockert war.

Eine andere Variante, mit der ich gerne antworte, lautet:

„Wissen Sie, ich kann Ihnen jetzt, wenn Sie wollen, eine ganze Reihe von Zertifikaten aufzählen und spannende Referenzen nennen, die ich auf diesem Planeten schon erworben habe. Aber mal ganz ehrlich, wäre das für Sie Beweis genug? Würde das ausreichen, Ihnen in diesem Moment ein sicheres Gefühl zu geben? Was halten Sie denn davon, mir einen kleinen Vertrauensvorschuss zu geben? Lassen Sie den ersten

Tag doch einfach mal auf sich wirken. Danach sagen Sie mir, ob ich die Qualifikation dafür habe. Was halten Sie davon?"

Diese Version ist sicherlich etwas harmonischer. Ich spiele den Ball einfach zurück, ohne mich selbst hervorzutun.

Solche Fragen zu Referenzen entspringen oft dem Motiv, Sicherheit zu bekommen. Aber kann eine Liste von Referenzen wirklich Sicherheit geben? Eher nicht beziehungsweise maximal kurzfristig.

Die meisten Menschen erreicht man auf diese Weise gar nicht. Sie verschränken eher die Arme und wollen sich am Ende natürlich eh ein eigenes Bild von der Qualität machen.

Menschen und insbesondere Verkäufer, die dauerhaft mit ihren eigenen vermeintlichen Erfolgen prahlen, sind meistens gar nicht so erfolgreich, wie sie vorgeben. Was glaubst du, wonach diese Verkäufer streben?

Genau, es ist ebenfalls wieder Anerkennung und Respekt. Aber wie man es aus so vielen Zitaten kennt, verdient man sich diesen Respekt am besten, indem man beweist und nicht prahlt.

Wenn du einen solchen Kunden vor dir hast, dann lass dich davon weder ärgern noch einschüchtern. Geh auf ihn ein und rede ihm gut zu. Zeig lieber Interesse an seiner „Erfolgsgeschichte". Sprich deine Anerkennung aus.

Jede Verhandlungssituation ist letztlich ein Spiel.

Du brauchst die Freiheit und Kreativität, dich auf den anderen einzulassen. Vermeide einen Wettkampf. Denn im Wettkampf gibt es nur Gewinner und Verlierer. Schaffe Ebenbürtigkeit zwischen dir und deinem Kunden. So entsteht eine Partnerschaft und kein Wettbewerb der Kompetenzen.

3. AKZEPTANZ

Ein Kundenschwarm akzeptiert andere Meinungen und Menschen, ohne zu resignieren

Akzeptanz kommt aus dem Lateinischen. Das Wort „accipere" bedeutet übersetzt „annehmen". Man nimmt also eine Situation, die man nicht ändern kann, so an, wie sie ist. Vielleicht lernst du aus der einen oder anderen Situation sogar etwas.

Du solltest jedoch nie blind akzeptieren oder einfach hinnehmen, dass ein Kunde sich gegen dich entscheidet.

Annehmen bedeutet auch, in dich zu gehen und zu überlegen, warum es so gekommen ist. Frage dich, was genau passiert ist und welche Faktoren zu einem bestimmten Ergebnis beigetragen haben. Und das gilt natürlich nicht nur für negative Ergebnisse.

Reflektieren bedeutet sich bewusst zu sein, was förderlich für ein bestimmtes Ergebnis ist und was hinderlich für ein bestimmtes Ergebnis ist.

Wie auch sonst soll man Erfolg reproduzieren können? Wenn dir nach einer Verkaufsverhandlung nicht bewusst ist, was gut lief, kannst du es nicht bewusst wiederholen, und wenn dir nicht bewusst ist, was eine Verhandlung gegen den Baum gefahren hat, kannst du es in Zukunft auch nicht vermeiden.

Analysiere deine Ergebnisse und Resultate immer sehr genau und akzeptiere Scheitern als wichtigen Bestandteil deines Vertriebserfolgs.

Hierzu ein schönes Zitat von Niels Bohr:

„Ein Experte ist jemand, der in einem begrenzten Bereich schon alle möglichen Fehler gemacht hat.“

Vorstellungen bestimmen dein Verhalten. Manchmal stimmen unsere Vorstellungen nicht mit der Realität überein.

Du möchtest diesen einen Abschluss unbedingt machen, aber es funktioniert nicht. Der Kunde sagt, vielleicht sogar aus unbekannten Gründen, einfach ab. Dann kann schnell Ärger, Frust, Stress oder Wut entstehen. Es gibt immer zwei Möglichkeiten, mit solchen Gefühlen umzugehen.

Entweder, du änderst eine Situation, weil du unzufrieden bist, oder du begibst dich auf die Seite deiner Vorstellungen und lernst etwas.

> *„Love it, change it or leave it."* – Henry Ford

Zufriedenheit bedeutet, dass unsere Vorstellungen mit der Realität übereinstimmen. Das gilt für dich wie auch für Kunden. Wenn die Erwartungen deines Kunden mit der Realität übereinstimmen, ist er zufrieden. Wird die Erwartung übertroffen, entsteht Begeisterung. Das Gleiche gilt für dich.

Geht diese Formel in deinem Leben oder in einer Kundensituation nicht auf, empfindest du in erster Linie Stress oder Ärger. Wie gesagt, du hast immer zwei Möglichkeiten.

In der Realität kannst du eine Situation manchmal nicht ändern, weil der Kunde nicht mitspielt. Diesen Zustand musst du akzeptieren.

Gleichzeitig solltest du dich aber auch mit deiner Vorstellung auseinandersetzen. Viele Verkäufer halten weiter an ihren Glaubenssätzen oder ihrer Sichtweise fest. Damit vertun sie die Chance, aus der Situation zu lernen. Sie entwickeln sich nicht weiter. Insofern solltest du jede Situation auch immer als Möglichkeit sehen, an dir zu arbeiten.

Warum Akzeptanz dich frei und noch erfolgreicher macht

Akzeptanz geht weit über den Begriff der Toleranz hinaus. Im Vertrieb kommt sie fast schon einer Zustimmung gleich. In etwa nach dem Motto: „Ich verstehe, dass Sie sich für einen anderen entschieden haben, ich akzeptiere das."

Nur wenn du es wirklich so fühlst und meinst, schaffst du eine Beziehungsebene, die sich auf Kundenseite authentisch anfühlen kann. Wenn du es aber nur tolerierst, merkt der andere das auch.

Da der Kunde immer der Held sein will, findest du nur über echte Akzeptanz immer noch einen Zugang zu ihm.

Angenommen, der Kunde hat eine andere Meinung zum Preis. Dann solltest du selbstbewusst an deinem Preis festhalten und gleichzeitig signalisieren, dass du seine Sicht natürlich akzeptierst.

Nur echte Akzeptanz verschafft dir erst die Fähigkeit, auch mal Nein zu sagen. Und zwar auf eine wertschätzende Art und Weise.

Tolerierst du die Meinung des Kunden bloß und ärgerst dich im Endeffekt darüber, reagierst du völlig anders. Du wirkst anders. Und der Kunde spürt deinen Frust und Ärger. Wird so eine Wirkung die Weichen für die Zukunft offen lassen? Wohl eher nicht.

Gehst du mit Akzeptanz an das Thema heran und bist selbst stolz auf deinen Preis, dann wirst du zum Beispiel folgendermaßen reagieren, wenn der Kunde aufgrund des Preises nicht zusagt:

„Mensch, Herr Müller, das kann ich nachvollziehen. Mein Qualitätsversprechen kennen Sie ja, und ich stehe Ihnen natürlich in Zukunft immer wieder gerne zur Verfügung. Soll ich mich denn in Zukunft noch einmal in Erinnerung bringen?"

Damit verkörperst du, dass du wirklich hinter deinem Preis stehst und dein Produkt auch diesen Wert hat. Klar, diesen Abschluss hast du dann nicht. Aber der Kunde wird spüren, dass du für deinen Preis und deine Qualität einstehst.

Was würde es denn auch bringen, genervt und beleidigt zu reagieren? Zum Beispiel zu sagen: „Dann gehen Sie doch woanders hin, wenn Sie denken, das wäre zu teuer. Sie werden schon sehen, was für eine schlechte Qualität Sie dort bekommen."

Der Kunde würde sich aufgrund dieser trotzigen Reaktion nur eines denken: Gut, dass ich mich nicht für den Typen entschieden habe.

Reagierst du freundlich und professionell, wird der Kunde sich im Nachgang fragen, wie es mit deinem Produkt oder deiner Dienstleistung gewesen wäre. Er wird sich stets an deine Freundlichkeit erinnern. Er weiß, dass er sich nur am Preis orientiert hat.

Übrigens kannst du immer versuchen, deinem Kunden einen Mehrwert anzubieten, wenn er innerlich mit deinem Preis kämpft.

Vielleicht gibt es ein paar Leistungen on top, über die er sich freut. Würdest du ihn hingegen fragen, worauf er für einen geringeren Preis verzichten könnte, würde er vermutlich denken: auf nichts.

Es ergibt allein schon betriebswirtschaftlich meistens mehr Sinn, über Dreingaben nachzudenken, als am Preis etwas zu machen.

Akzeptanz kann sich auch in anderer Form zeigen. Es gibt beispielsweise Verkäufer, die besonders erfolgreich sind und so abheben, dass sie gar nicht mehr wahrnehmen, wenn ein Kunde sich schlecht beraten fühlt.

Das Schiff wurde in Gang gesetzt und fährt mit Volldampf übers Meer. Aufträge kommen ohnehin rein, sodass sie auf Kunden, die über den Preis meckern, gut verzichten können.

Jetzt muss man allerdings den negativen Effekt sehen: Sie reiten so sehr auf der Erfolgswelle, dass sie einen unzufriedenen (potenziellen) Kunden, der sich abwendet, akzeptieren. Diese Form der Akzeptanz ist auf Dauer nicht gut. Die verprellten Kunden werden schlecht über solche Verkäufer reden.

Das andere Extrem ist ein Verkäufer, der noch monatelang von diesem einen Kunden spricht, der ihn schlecht behandelt und sich kurzfristig anderweitig entschieden hat. Hier bedeutet Akzeptanz Loslassen.

Ich hoffe, ich konnte dir verständlich machen, dass es immer zwei Seiten gibt. Und wie so oft liegt irgendwo in der Mitte das Optimum.

Ich selbst halte es übrigens in der Akquisition so: Nach dreimaligem Kundenkontakt lasse ich los. Ich akzeptiere, dass dabei nichts herumkommt, und mache weiter.

Wenn der Kunde doch ernsthaftes Interesse hat, wird er von sich aus auf mich zukommen. Manchmal auch erst nach einem Jahr. Wenn du eine gute Wirkung hinterlassen hast und der Bedarf groß genug ist, dann wird sich ein Kunde schon zurückmelden.

Ein Verkäufer sollte seine Kunden nicht nerven. Bei zu vielen Kontakten läuft man Gefahr, selbst „bedürftig" zu wirken.

Einige Verkäufer kratzen stattdessen immer weiter und versuchen, noch irgendetwas zu bewirken. Wer aber beim ersten Mal nicht die richtige Wirkung erzielen konnte, wird es meistens auch danach nicht mehr schaffen. Konzentriere dich nach drei vergeblichen Kontakten lieber auf neue Möglichkeiten.

All das Warten auf Kundenzusagen, der Frust des Wartens, all das ist vergeudete Lebensenergie!

Wie lernst du, diese Akzeptanz zu entwickeln?

Stell dir vor, du wärst der erfolgreichste Verkäufer Deutschlands oder deiner Branche. Dein Telefon klingelt unentwegt wegen lauter „Kundenschwarmeffekte", also Weiterempfehlungen. Haufenweise Erfolgsmagazine berichten über deine immensen Umsatzsteigerungen von bis zu 700 Prozent.

Bitte versetze dich einmal genau in dieses Bild.

Wie siehst du aus? Wie fühlst du dich? Und: Wie würdest du ab sofort mit Kunden und Interessenten umgehen? Wie würdest du sprechen? Eher lang oder kurz? Mit wem würdest du überhaupt noch zusammenarbeiten wollen? Du erinnerst dich? Vorstellungen bestimmen unser Verhalten.

Wie wäre es also, wenn du schon jetzt so mit deinen Kunden agieren würdest? Du würdest automatisch all das tun, worauf es für einen erfolgreichen und wirkungsvollen Umgang mit Kunden ankommt!

Absagen würden dich absolut nicht kratzen. Warum?

Weil du jede Menge Alternativen hast. Ärgere dich deshalb bitte nicht über Kundenabsagen, sondern arbeite an dir und deiner Verkäuferpersönlichkeit und natürlich immer wieder an der Produktqualität, anstatt dich über Äußeres zu ärgern. Jeder äußere Ärger stellt für erfolgreiche Menschen zumindest teilweise einen Lernimpuls dar.

Es verhält sich ähnlich wie in der Liebe. Wenn du alles gibst, kannst du auch massiv verletzt werden. Dann musst du gleichzeitig schnell akzeptieren, dass du es nicht ändern kannst. Der Mensch neigt oft dazu, die Realität lieber seinen Vorstellungen anzupassen als seine Vorstellungen der Realität. Du brauchst sowohl Lust und Freude als auch eine gewisse Nüchternheit.

Im Leben erfüllst du mehr als nur die Funktion des Verkäufers. Deine Freunde und Familie sind das Wichtigste!

Manchmal hilft es übrigens sogar zu akzeptieren, dass die Arbeit als Verkäufer nur eine von vielen Funktionen in deinem Leben ist. Ich hatte einen Trainer, der ganz trocken zu sagen pflegte: „Thomas, es ist nur ein Job." Hat er mit dieser Aussage recht? Die Antwort lautet: Ja – er hat auch recht!

Erfolg hat viele Gesichter.
Leidenschaft ist eines.

Es gibt Verkaufsgurus, die mit folgendem Beispiel arbeiten: „Stell dir vor, jemand bedroht deine Familie mit einer Waffe. Wärst du in der Lage, wenn es um Leben und Tod ginge, deinen Umsatz zu verdoppeln?" Ja, wahrscheinlich.

Aber mal im Ernst: Möchtest du als Unternehmer oder Verkäufer ein Leben lang mit einer Todesangst deinen Vertriebserfolg generieren?

Ich nicht. Solche Beispiele funktionieren und zeigen immer, dass es auch eine andere Seite gibt.

Aber es zeigt auch, aus welchem Antrieb heraus solche Verkäufer agieren. Aus einer tiefen inneren Angst vor Misserfolg, die der Todesangst nahekommt. Wie viel schöner wäre es, wenn unser Zielbild nicht mit Todesängsten zu tun hätte, sondern mit Freude?

Viele Aussagen haben insbesondere im Vertrieb ihre Daseinsberechtigung. Liebe Leserin, lieber Leser, du hast jedoch immer die Wahl, welchen Vorstellungen du dich hingeben willst.

Bevor man selbst zum echten Kundenschwarm werden kann, durchläuft man viele Erstkontakte. Von denen entsprechen garantiert nicht alle den eigenen Vorstellungen.

Merke: Das Nein eines Kunden bezieht sich nicht immer auf dich persönlich, sondern vielleicht bloß auf deine Wirkung und manchmal auch nur auf die Funktion des Verkäufers, den du gerade für einen Kunden repräsentierst.

Akzeptiere jedes Scheitern. Manchmal passt es schlichtweg nicht. Das kommt sowohl im Privatleben als auch im Business vor.

Im Leben sind wir alle immer wieder einmal gezwungen, Widersprüche zu akzeptieren. Und das Gleiche gilt auch für die Vertriebswelt. Akzeptiere, was du nicht ändern kannst! Aber steh auf und mach weiter! Beachtung schafft immer Verstärkung. Nichtbeachtung schafft Freiheit.

Viele Unternehmer sprechen von der sogenannten Unternehmensidentifikation. Mindestens genauso bekannt ist der

Satz, dass man als Verkäufer von seinem Produkt überzeugt sein beziehungsweise sich damit identifizieren sollte. Das ist auch einseitig betrachtet.

Auf Lateinisch bedeutet „identificare": „zur Identität werden". Sprich: Du wirst zu deinem Produkt. Das würde rein theoretisch bedeuten, dass du damit deine eigenen Werte und Strukturen verlierst. Wenn du also dein Produkt bist, bist du angreifbar bei jeder Produkteigenschaft. Findet jemand dein Produkt nicht gut, nimmst du es automatisch persönlich.

Um dich als guter Verkäufer im Verkaufsgespräch in die Rolle des Kunden hineinversetzen zu können, brauchst du eine gewisse Neutralität und Unvoreingenommenheit. Werde also bitte nicht zu deinem Produkt. Es ist nur ein Produkt.

Gegen Werte wie Loyalität, Vertrauen, Begeisterung und Ehrgeiz ist sicher nichts einzuwenden. Aber Vorsicht beim Thema Identifikation mit einem Produkt oder Unternehmen. Du verlierst schnell die nötige Nüchternheit und Sachlichkeit. Halte immer Distanz zu deiner eigenen Funktion.

4. STOLZ

Ein Kundenschwarm ist stolz, ohne hochmütig zu sein

D as Wort Stolz kommt von „stolt", also „prächtig, statt-lich". Es spiegelt ein Gefühl von Zufriedenheit mit sich selbst und anderen wider. Jemand, der stolz ist, hat vor sich selbst große Hochachtung. Man freut sich aufgrund der Gewissheit, etwas Besonderes, Anerkennenswertes oder Zukunftsträchtiges geleistet zu haben.

Man sieht es einem Menschen an, wenn er stolz ist. Und zwar an seinen Gesten und Gebärden oder seiner aufrechten Kör-perhaltung. Er bringt ein hohes Maß an Selbstachtung mit.

Im Vertrieb verbindet man mit Stolz die Grundzufriedenheit hinter dem Wert des angebotenen Produkts. Als Verkäufer solltest du also immer auf dein Angebot stolz sein und es mit gutem Gewissen verkaufen können. Dieser Stolz mündet schließlich auch in dem Wert, den du selbst verkörperst.

Wenn du stolz bist, verkörperst und verbreitest du Freundlichkeit und Zuversicht. Du wirkst weniger angreifbar. Stolz wird in allen Kulturen gleich definiert. Man erkennt jene Menschen immer an denselben Merkmalen.

Davon zu unterscheiden ist der Hochmut, der in der katholischen Kirche sogar zu den sieben Todsünden gehört, denn er macht die Menschen blind. Tatsächlich ist der Grat zwischen Stolz und Hochmut manchmal sehr schmal. Ähnlich wie zwischen Selbstbewusstsein und Arroganz.

In gesundem Maß fördert Stolz den im Vertrieb nötigen Ehrgeiz. Du förderst Ideen stärker und strebst nach persönlichem Erfolg, denn du befindest dich in einem Flow-Zustand. Du kennst vielleicht den Satz:

Erfolg nährt den Erfolg.

Wenn du aber nicht aufpasst, kann dir dein Stolz schnell über den Kopf wachsen. Dein Ego bläht sich auf und du entwickelst im schlimmsten Fall sogar eine narzisstische Störung. Eine Prise Demut kann also nicht schaden.

Gefährlich wird es, wenn du glaubst, der Erfolg sei dein Alleinergebnis. Deswegen halte ich auch wenig von der Aussage: Du kannst alles erreichen, wenn du nur daran glaubst.

Denn umso schlechter fühlst du dich, wenn du es eben nicht erreichst. Oder nicht so schnell wie erwartet. Eine gewisse Demut deinem Umfeld gegenüber schadet nicht. Auch das Bewusstsein, dass Glück in manchen Fällen dazugehört.

Alleine der Gedanke, dass jeder noch so erfolgreiche Mensch jeden Tag Opfer eines schlimmen Unfalls werden und mit zwei verkrüppelten Beinen im Krankenhaus liegen könnte, ruft einem ins Bewusstsein, dass auch andere Dinge eine Rolle spielen.

Du hast nicht immer alles unter Kontrolle. Sosehr dieses Buch auch versucht, wichtige Einflussfaktoren für den Erfolg zu verdeutlichen. Auch hier gibt es immer zwei Seiten.

Nicht nur deine eigenen Leistungen, deine Vorstellungen und Kompetenzen machen den Erfolg aus. Oft ist das Leben auch einfach Glückssache. Dazu gehört auch dein Umfeld, die Menschen, die dich umgeben und die du anziehst.

Allein die Tatsache, dass du, liebe Leserin, lieber Leser, vermutlich in der westlichen Hemisphäre dieses Planeten lebst, macht dich statistisch gesehen zu einem sehr erfolgreichen Menschen.

Gesunder und ungesunder Stolz

Gesunder Stolz ist die authentische Variante. Er sorgt für innere Zufriedenheit und bildet eine Symbiose. In der Regel ist jemand nur auf etwas wirklich Geleistetes stolz.

Auf etwas, das auch Anerkennung verdient. Meistens steckt viel Anstrengung dahinter, womöglich eine Entbehrung im Leben, die am Ende zum angestrebten Ziel führte.

Das beste Beispiel ist ein sportlicher Mensch. Jemand hat unglaublich für seine Ausdauer oder einen straffen Körper trainiert. Er hat im Mannschaftssport für den Sieg gekämpft. Auf diese Ergebnisse kann er stolz sein, denn er hat dafür viel geleistet.

Auf die eigene Arbeit, auf sich selbst, auf Talente oder Fähigkeiten stolz zu sein, ist eine gesunde Variante.

> *Ungesunder Stolz hingegen mündet häufig in falscher Eitelkeit, Selbstüberschätzung, Arroganz und Hochmut.*

Manche Menschen verstehen diesen feinen Unterschied nicht. Beispielsweise jemand, der im Preisgespräch trotzig und empört reagiert oder eine aggressive Abwehrhaltung einnimmt.

Oder jemand, der zu Rache oder Genugtuung tendiert. Das alles sind Zeichen für falschen Stolz. Denn in dem Moment geht es bloß noch um das eigene Ego. Man könnte fast von einer Art neurotischem Stolz sprechen.

Diese Menschen empfinden auch häufig Stolz, obwohl sie selbst keine Leistung erbracht haben.

Auch die sogenannten Hater, Trolle und Trickbetrüger im Internet empfinden falschen Stolz. Womöglich weil sie etliche Leute „übers Ohr gehauen" haben oder ständig nur austeilen.

Hier zeigt sich eine massive Form von destruktivem Stolz und Hochmut. Es geht ihnen nur darum, besser zu sein als andere. Ihnen fehlt es an Demut. Gesunder Stolz beflügelt. Du hast wieder einmal etwas erreicht, und deine innere Haltung motiviert dich dazu weiterzumachen.

Jeder Mensch wandert auf einem schmalen Grat. Stolz kann jederzeit in Hochmut, Arroganz oder Herrschsucht umschlagen.

Hochmut macht blind

Als Verkäufer entscheiden Einstellung, Technik und Wirkung über deinen Erfolg. Es gibt viele, die glauben verstanden zu haben, wie sie andere Leute beeinflussen können.

Das alleine reicht aber nicht aus und kann sehr gefährlich werden. Sie blenden andere wichtige Faktoren völlig aus: Auch die Natur der Dinge, Schicksal, Glück und der private und berufliche Zustand des Kunden haben einen Einfluss auf sein Kaufverhalten.

Wenn dein Kunde sich in einem guten Zustand befindet, dann läuft alles reibungslos und du bist erfolgreich.

Wenn du den Erfolg aber nur deinen eigenen Fähigkeiten zuschreibst, wirst du hochmütig. Du denkst, du seist der beste

Verkäufer aller Zeiten. Dabei lag es in diesem Fall vielleicht gar nicht nur an dir und deinen Techniken. Der hochmütige Mensch möchte auch für Eigenschaften bewundert werden, die er gar nicht hat oder beeinflussen kann.

Fairerweise muss man sagen, dass wir alle nur Menschen sind. Jeder von uns tendiert vermutlich ab und an dazu. Soziale Medien fördern teilweise diesen falschen Stolz. Denken wir nur an all die Hintertür-Prahlereien von Menschen, die sich mit VIPs ablichten lassen oder vor einem Luxus-Sportwagen. Dieser Stolz kommt selten von innen heraus.

Eine gewisse Demut sollte daher bei allem, was du tust oder sagst, mitschwingen. Du hast das Recht, stolz auf deine Leistung, dein Produkt und deinen Preis zu sein.

Wenn du so willst, ist deiner eigener Stolz ein Produkt, das direkt in den Wert deiner Leistung hineinfließt. Darin spiegelt sich dein Preis wider.

Wenn du den Wert selbst nicht kennst, wirkst du im Verkaufsgespräch auch so. Und wenn ein Wert nicht bekannt ist, wird vieles beliebig und ist gewissermaßen ohne Wert.

In jeder Verkaufssituation solltest du drei meiner Mantras verinnerlichen:

01. Der Preis ist ein Merkmal.

02. Sei stolz auf deinen Preis!

03. Es ist okay, wenn der Kunde den Preis für zu teuer hält.

1. Der Preis ist ein Merkmal

Worum geht es bei diesem Mantra? Es gibt ein zentrales Gesetz in vielen Märkten, und das lautet: Qualität hat ihren Preis. Dieses Mantra soll dir bewusst machen, dass der Preis per se ein Leistungsmerkmal ist.

In vielen Unternehmen gibt es eine knallhart kalkulierte Deckungsbeitragsrechnung zum Preis. Warum sollte man also überhaupt ein Preisgespräch führen? Mach dir bewusst, dass es viele Branchen gibt, in denen der Preis selbst den Wert erschafft.

Im Marketing nennt man das gerne den Snob Appeal, denk nur an all die Luxusgüter da draußen. Eine Rolex ist begehrt, weil sie einen hohen Preis hat. Der Preis selbst hat also auch Einfluss auf die Begehrlichkeit.

Rede mit deinem Kunden daher lieber über Lösungen oder die Qualität, als über den Preis zu verhandeln. Im Idealfall steht der fest!

2. Sei stolz auf deinen Preis!

Worum geht es bei diesem Mantra? Wie oben immer wieder erklärt, ist es wichtig, stolz auf die eigene Leistung und den Preis zu sein.

Denn bist du es nicht, wird der Kunde das spüren. Er wird spüren, wenn du vom Wert deiner Leistung nicht hundertprozentig überzeugt bist.

Stolz trägst du im Herzen. Wenn du deinen Stolz aussprichst, wird er zur Arroganz. Was meine ich damit? Wenn du sagst: „Ich hoffe, Ihnen ist bewusst, dass wir das beste Produkt haben und Marktführer sind", wirkt es tendenziell arrogant.

Wenn du den Kunden fragst: „Wollen Sie mir die Chance geben zu beweisen, dass wir die beste Produktqualität haben?", dann weißt du, dass dein Unternehmen die beste Qualität anbietet.

Du spürst den Stolz, aber du prahlst damit nicht oder drückst es dem Kunden nicht aufs Auge. Du überlässt ihm diese Entscheidung.

Wenn du es schaffst, eine Kombination aus gesundem, innerem Stolz sowie Akzeptanz und Demut zu bewahren, bleibst du offen für Unerwartetes.

> *„Wer glaubt, etwas zu sein, hat aufgehört, etwas zu werden." – Sokrates*

Jemand, der meint, schon der Beste im Vertrieb zu sein, wird sich auch nicht mehr weiterentwickeln oder näher mit dem Thema beschäftigen. Man wird schnell hochmütig, wenn man glaubt, schon alles gesehen zu haben.

3. Es ist okay, wenn der Kunde den Preis für zu teuer hält

Kannst du in einer privaten Auseinandersetzung ohne Einigung auch mal zwei Meinungen nebeneinander stehenlassen? Hoffentlich! Denn darum geht es hier auch.

Wenn du einen Wert vertrittst, dann kannst du auch ein Nein akzeptieren und wirst diesen Wert dennoch weiter stolz vertreten, ohne deinen Partner gleich in den Wind zu schießen.

Wenn du das beherrschst, hast du auch die Freiheit, in einer Verhandlungssituation Nein zu sagen. Ohne dass du dem Kunden ein schlechtes Gefühl gibst.

Es ist okay, wenn er eine andere Vorstellung vom Preis hat, aber das sollte dich nicht von deinem Wert abkommen lassen.

Ich sage immer:

> *„Ein Ja erhöht den Umsatz,*
> *ein Nein den Gewinn.“*

Wenn man über Werte spricht, halte ich dieses Zitat für bedeutend. Ein Wert entsteht in dem Moment, in dem du eine Grenze hast. Nur wenn du als Verkäufer in der Lage bist, Nein zu sagen und an deinem Preis festzuhalten, wird deine Leistung zu einem echten Wert.

Ansonsten verlierst du deinen Wert wortwörtlich in jedem Verhandlungsgespräch aufs Neue. So steckst du irgendwann in einer endlosen Spirale.

Du fragst dich jedes Mal, was du und dein Produkt eigentlich wert sind. Dieser Prozess ist nicht zielführend und drückt dich in einen inneren Konflikt.

Übrigens bekommt dein Ja zum Kunden in gleichem Maße einen anderen Wert, wenn du auch bewusst Nein sagen kannst. Oder anders: Nur wer entschlossen Nein sagen kann, kann auch entschlossen Ja sagen.

Fehlendes Wertbewusstsein führt in die Pleite

Ich kannte einen Unternehmer, der immer, wenn wir uns trafen, etwas Neues zu seinem Preismodell sagte oder mich sogar fragte, welchen Preis er nun nehmen sollte. Nach vier Jahren am Markt verschwand er plötzlich.

Ich denke, dass es auch damit zu tun hatte, dass er seinen Wert nie richtig kannte beziehungsweise festgelegt hatte. Statt sich immer wieder mit dieser Preisfrage herumzuplagen, wäre es schlauer gewesen, wenigstens ein Minimum und ein Maximum festzulegen.

Es kostet dich viel mehr mentale Energie, deinen Wert oder Preis immer wieder neu mit Kunden zu verhandeln. Du solltest wissen, wer du bist, was du und das Produkt leisten können, wie gut du bist und welche Probleme du lösen kannst. Denn vergiss nie: Du verfolgst den Kundenschwarmeffekt.

Du redest nicht nur darüber, sondern verkörperst ihn auch. Du willst das Beste für den Kunden! Und Qualität hat ihren Preis! Damit arbeitest du natürlich auch nicht mit jedem Kunden zusammen, insbesondere wenn du weißt, dass es eh nicht zum Kundenschwarmeffekt kommen würde.

Übung

Überlege dir nun bitte, was du in deinem Leben bereits geleistet hast und was dir in diesem Jahr gut gelungen ist. Worauf führst du das zurück? Auf welche Dinge bist du besonders stolz?

Schreibe die zehn wichtigsten Punkte hier auf:

01. _____

02. _____

03. _____

04. _____

05. _____

06. _____

07. _____

08. _____

09. _____

10. _____

Thomas Sajdak

5. NEUGIER

Ein Kundenschwarm ist neugierig, ohne zu verhören

I n jedem guten Verkaufstraining lernt man den Leitsatz: Wer fragt, der führt. Man fragt zum Beispiel, was dem Gegenüber wichtig ist. Aber vielleicht kennst du Verkäufer, bei denen man trotz aller Fragen ein negatives Gefühl hat.

Hier mangelt es schlichtweg mal wieder an der richtigen Einstellung zur Verwendung der Technik.

In meinen Trainings nenne ich es immer die kindliche Neugier am anderen Menschen. Menschen spüren den Unterschied, ob jemand einen knallharten Fragenkatalog gesprächstechnisch durchrattert oder ob er echtes Interesse an mir als Mensch hat.

Neugier ist das echte Interesse, den anderen Menschen kennenzulernen und etwas über dessen Welt zu erfahren. Sie schlägt jede Frage, die bloß als gelernte rhetorische Technik angewendet wird.

Im Grunde hört Neugier niemals auf. Durch das authentische Interesse schwingt also mehr mit. Nämlich ein Gefühl, das beim Gesprächspartner entsteht.

Dadurch bekommen wir mehr entscheidende Informationen vom Kunden. Eine technische Fragestrategie wirkt schnell plump oder erzeugt Druck auf der Gegenseite.

Echte Neugier im Vertrieb lässt sich mit einem Flirt vergleichen. Du möchtest den anderen in einem Flirt ja wirklich kennenlernen.

Wenn du dich also in die Lage des Kunden versetzt und ernsthaft an ihm und seinem Unternehmen interessiert bist, erreichst du auch eher den Kundenschwarmeffekt. Denn jeder Kunde spürt, ob du nur einen Abschluss haben möchtest oder dich wirklich für ihn als Menschen interessierst.

Neugier bedeutet in diesem Sinne, noch gieriger nach Informationen zu sein, noch mehr zu fragen.

Noch mehr den anderen zu verstehen und die Welt durch seine Brille zu sehen. Diese Einstellung muss während des gesamten Gesprächs mitschwingen. Selbst wenn du merkst, dass du vielleicht gar keinen Abschluss machst.

Du musst dich gänzlich für diesen Menschen interessieren. Der Kunde sollte spüren, dass du ganz bei ihm bist und Lust hast, dich hundertprozentig in seine Lage zu versetzen.

Neugier geht sogar noch weiter. Man könnte sagen, dass du trotz allem immer die ideale Lösung für deinen Kunden suchst und ihm dabei hilfst, die beste Entscheidung zu treffen. Diesen Punkt stellst du über dein eigenes Bedürfnis, einen Abschluss zu machen.

Klingt verrückt? Nein, nicht, wenn du den Kundenschwarmeffekt verfolgst!

Denn selbst wenn du einmal ohne Abschluss nach Hause gehst: Ein Mensch wird sich deine Zuwendung merken und vielleicht eines Tages wieder auf dich zukommen oder dich eben weiterempfehlen.

Warum ist Neugier wichtig?

Um den Kundenschwarmeffekt zu erzeugen, musst du dich deinem Kunden gegenüber nützlich machen. Selbst wenn du erkennst, dass du kein Angebot für ihn hast. Du hilfst ihm dennoch. Dafür wird er dich früher oder später weiterempfehlen.

Vielleicht denkt er sich: „Wow, der ist richtig kompetent und super freundlich. Ich brauche zwar einfach gerade kein Produkt xy, aber den werde ich in Erinnerung behalten, weil er mehr Fragen gestellt und Dinge für mich getan hat. Das kenne ich von anderen Verkäufern nicht in dieser Form."

Neugier ist es, die dazu führt, dass du die Details erfährst, die für dein Geschäft wirklich eine Rolle spielen. Diese Eigenschaft bringt dich dazu, dranzubleiben, links und rechts zu hinterfragen und den Mut zu haben, dich komplett in die Lage deines Kunden zu versetzen.

Du musst die Situation des Kunden manchmal noch klarer sehen, als er selbst es tut.

Übung

Du bist Autoverkäufer für Flotten in einem Unternehmen. Du kommst zu einem jungen Beratungsunternehmen, bei dem du einen Erstkontakt-Termin hast.

Dein potenzieller Kunde sucht einen Firmenwagen. Dein Unternehmen bietet drei Klassen an: Premium-, Mittel- und Normalklasse. Überlege dir, wie dieses Gespräch verlaufen sollte und was alles passieren könnte.

Hintergrundinformationen: Dein Kunde möchte unbedingt 20 Firmenwagen haben, weil er Angst hat, dass seine Berater und Außendienstler zu anderen Unternehmen wechseln, weil es dort coolere Autos als Incentive gibt.

Der größte Schmerzpunkt des Kunden ist also im Prinzip, dass er seine Mitarbeiter verliert. Gleichzeitig ist er ein preissensibler Typ Kunde. Er möchte das Allerbeste und gleichzeitig so wenig Geld wie eben möglich ausgeben.

Auf Grundlage dieser Details stellt ein guter Verkäufer zum Beispiel Fragen wie:

- Was ist Ihnen denn wichtig und warum?

- Welcher Wagen soll es sein?

- Wie viel Geld wollen Sie ausgeben?

Wie wird der Kunde darauf wohl antworten? Vermutlich hätte er schon gerne etwas Schickes, damit die Mitarbeiter auf den Firmenwagen stolz sind. Er möchte sich aber auch nicht in Unkosten stürzen.

Die wenigsten Verkäufer fragen allerdings, WARUM der Kunde die Autos braucht.

Solche Fragen sind natürlich nicht ungefährlich, da der Kunde in diesem Moment das Gefühl bekommt, sich rechtfertigen und sein Hauptmotiv erklären zu müssen.

Daher stellen die meisten Verkäufer diese Frage nicht, sondern gehen sehr schnell zur Angebotsunterbreitung über. Das dahinterstehende Ziel wird dadurch jedoch unbeachtet gelassen. Genau das ist aber das Spannende und Wichtigste.

Es gibt immer ein Ziel hinter dem Ziel, sogar mehrere. Du kannst deinem Kunden nur helfen, wenn du verstehst, welche wahre Intention er hat und was ihn zu seiner Entscheidung oder zu seinem Kaufwunsch bewegt.

Er hat einen starken Schmerzpunkt, der den Kauf begründet. Vielleicht ist es für ihn strategisch wichtig. Oder er versucht auf diese Weise ein Problem zu lösen.

Dieses Ziel wirst du nur durch entsprechende Neugier und die Frage nach dem Warum entschlüsseln. Auch die Frage, wieso er gerade zu dir kommt, ist sehr interessant.

Nur wenn du als Verkäufer das Ziel hinter dem Ziel herausfindest, kennst du den größten Schmerzpunkt.

Um noch einmal auf unser Beispiel zurückzukommen: Der Schmerzpunkt dieses Beratungsunternehmens liegt darin, dass die Mitarbeiter möglicherweise abwandern könnten.

Wenn du das verstanden hast, müsstest du ihm eigentlich ein Auto aus der Premiumklasse anbieten. Denn das Ziel besteht darin, die Mitarbeiter zu halten.

Dein Kunde hat Angst. Das heißt, er muss etwas tun, das diesem Ziel wirklich gerecht wird. Stell dir vor, du würdest ihm einen Wagen empfehlen, der für die Belegschaft nur „okay" oder „mittelmäßig" ist, dann ginge das gesamte Investment am Ziel vorbei.

Und natürlich: Wir alle wollen am liebsten immer so wenig ausgeben wie möglich. Aber wenn das Investment die Lösung nicht herbeiführt, ist es noch fataler.

Höhere Preise lassen sich durch eine Spiegelung des hinter der Kaufabsicht stehenden Ziels viel leichter rechtfertigen. Du kannst den Schmerzpunkt deines Kunden verkaufsrhetorisch sehr gut nutzen. In unserem Beispiel ist der Schmerzpunkt die Mitarbeiter-Verlustangst des Arbeitgebers.

Jetzt spielst du mental das schlimmste Szenario mit deinem Kunden durch. Du fragst ihn, was eigentlich passieren würde, wenn er seine Mitarbeiter mit dem Firmenwagen nicht halten könnte.

Dein Kunde antwortet vermutlich: „Dann kann ich einpacken, ich verliere meine besten Consultants." Daraufhin sagst du: „Wie wichtig ist Ihnen also, dass der Wagen wirklich dazu beiträgt, dass Ihre Leute bleiben?"

Seine Antwort ist klar: „Unglaublich wichtig."

Die emotionale Lösungsempfindung auf Kundenseite wird nun viel größer, weil du das Ziel hinter dem Ziel und den größten Schmerzpunkt aufgedeckt hast.

Diese Erkenntnis nutzt du, indem du ihm die schlimmste Realisierung der Situation vor Augen führst und anschließend auf die schönste Realisierung hochgehst. Diese fühlt sich entsprechend besser an als alles andere und ist es ja faktisch auch. Du kennst den Satz: Wer billig kauft, kauft zweimal!

Neugier macht dich innovativ

Was, denkst du, ist wichtiger: die Merkmale und Vorteile deines Produkts zu kennen oder die vorgefertigte Meinung deines Kunden?

Entscheidend ist, wie dein Kunde denkt und fühlt. Warum er meint, dass dein Produkt ihn weiterbringen kann oder nicht.

Sobald du dich zu stark auf dein Produkt fokussierst und zu sehr dafür brennst, besteht die Gefahr, dass die Neugier auf deinen Kunden sinkt.

Neugier ist allerdings nicht nur für den Verkaufsprozess wichtig, sondern auch für dich als Verkäufer. Du lernst neue Wege und Möglichkeiten kennen und vermeidest Stillstand. Ein Kundenschwarm macht alle erfolgreicher. Und zwar nach innen und außen.

Im Außendienst wäre ein Kundenschwarm ein Verkäufer, der genau hinhört, was sich am Markt tut. Er weiß, welche Online-Marketing-Tools es gibt, um erfolgreicher zu sein, und wie seine Kunden ticken. Diese Kenntnisse verkauft er auch nach innen/oben.

Er hilft seinen Kunden, besser zu werden, indem er ihnen von neuen Trends erzählt. Er macht sich selbst erfolgreicher, weil er neugierig bleibt und seine eigenen Techniken und Vorgehensweisen immer wieder hinterfragt.

Aus Unternehmersicht ist es unglaublich wichtig, die eigenen Werkzeuge permanent zu betrachten und zu optimieren. Was macht der Markt? Was machst du? Gehört Kaltakquise am Telefon noch zu den zielführenden Verkaufsmethoden? Welche neuen Methoden gibt es? Passen die zu uns oder mir?

Ein neugieriger Unternehmer breitet seine Fühler überall am Markt aus und hinterfragt sein eigenes Handeln immer wieder. Viele innovative Produkte, die technischer Natur sind, verkaufen sich langfristig nur, wenn der Entwickler beziehungsweise das Unternehmen am Puls der Zeit bleibt und darauf hört, was die Kunden sagen.

Das klassische Beispiel ist ein Softwareunternehmen, das regelmäßig Feature-Requests von den Leuten bekommt. Ansonsten wüsste das Unternehmen gar nicht, was eigentlich gerade benötigt wird.

Die Spezialisten würden einfach bloß irgendwelche Features entwickeln, die die Kunden womöglich gar nicht wollen.

Es gibt einen Bereich im Vertrieb, der sich Solution-Selling nennt. Im Prinzip spiegelt der Begriff genau das wider, was im Business wichtig ist. Man verkauft Lösungen und nicht das Produkt an sich. Das heißt, man verkauft die Zukunft gleich mit.

Du merkst zum Beispiel, dass sich bei deinem Kunden in der Filtertechnik bei Autos etwas verändert. Dann musst du diese Veränderung als Lieferant oder als Verkäufer kennen und rechtzeitig darauf reagieren.

Nur wenn du diesen Bedarf aufgreifst und an das Produktmanagement weitergibst, wirst du auch in zwei Jahren noch am Markt vertreten sein. Es ist enorm wichtig zu verstehen, wie sich der Markt entwickelt.

Du solltest also nicht nur Fragen stellen, die dir deinen Abschluss ermöglichen, sondern auch solche, die dir den Weg in die Zukunft ebnen.

Ein guter Verkäufer zeichnet sich durch drei Eigenschaften aus:

01. **kindliche und aufrichtige Neugier:** Wer kindliche Neugier mitbringt und sich eine offene Denkweise bewahrt, erhält auch wirklich alle Informationen.

02. **Er probiert Neues aus:** egal in welcher Art und Weise; geh anders zur Arbeit, sprich Kunden auf neue Themen an,

03. **Er liest viel:** Durch kontinuierliches Lesen von Fach-
literatur, Sachbüchern, Romanen oder Zeitungen
eignest du dir neues, hilfreiches Wissen an. Ob es nun
theoretische Grundlagen zum Thema Marktforschung
oder weltpolitische Geschichten sind. Du kommst viel
leichter mit deinen Kunden ins Gespräch. Neugier impliziert auch, weltinformiert zu sein. So machen es alle
Top-Unternehmer.

Sei in jedem Gespräch neugierig, ohne dein Gegenüber zu
verhören. Neugier basiert auf echtem Interesse. Bei einem
Verhör arbeitest du bloß stur einen Fragenkatalog ab.

Hör auf zu verhören!

Ein gutes Kundengespräch kann auch in ein Verhör um-
schwenken. Das passiert, wenn du nicht nur neugierig bist,
sondern mit deinen Fragen in eine bestimmte Richtung
möchtest.

Wenn du jemanden verhörst, hast du bereits eine Vermutung
über deinen Gesprächspartner und fragst ihn in dieser Hinsicht ab. Dadurch entsteht beim Befragten Druck und das
Gefühl, sich rechtfertigen zu müssen. Insbesondere zu viele
Warum-Fragen schlagen daher schnell ins Negative um.
Warum haben Sie das gemacht? Warum ist das jetzt so? Wie
kam es dazu?

Ebenso schlecht sind zu viele geschlossene Fragen, weil der
Gesprächspartner in eine bestimmte Richtung gelenkt wird.
Du gibst ihm seine Antwort indirekt vor.

Ähnlich wie bei einem Verhör. Das Frage-Design richtet sich schon dementsprechend aus. Fragen wie „Finden Sie auch, dass Vertriebsseminare heutzutage unbedingt notwendig sind?" lassen dem anderen in seiner Antwort kaum Spielraum.

Im Grunde holst du dir dadurch nur eine Bestätigung für deinen Gedanken ab. Eine sogenannte Suggestivfrage oder vorbewertete Frage.

Genau darin besteht der mentale Unterschied. Rhetorisch zeigt sich Neugier durch viele offene Fragen. Der andere wird nicht bedrängt oder verhört. Auf diese Weise lässt du ihm die Freiheit, detaillierter und ehrlicher zu antworten.

Wenn ein Kunde jedoch merkt, dass du ihn verhören willst, wird er sich fragen, was für ein Ziel du verfolgst. Er wird eine Art Schutzhaltung einnehmen und dir nur noch ungern Informationen geben.

Fragen sind ein mächtiges Instrument, da sie die Denkrichtung des anderen leiten und bestimmen können. Manche Fragen lösen Unsicherheiten bei deinem Verhandlungspartner aus, wenn er nicht überschauen kann, wohin sie führen.

In meinen Trainings frage ich die Teilnehmer zu Beginn oft, wie lange sie schon für das Unternehmen arbeiten und was sie eigentlich verdienen.

Die Reaktionen sind fast immer gleich: unsichere Gesichtsausdrücke, kaum jemand möchte darauf antworten.

Dann löse ich das Ganze natürlich auf und sage: „Welches Gefühl hatten Sie gerade, als ich Ihnen diese Fragen gestellt habe?" Ganz klar, es verunsichert die Teilnehmer massiv. Vor allem weil sie nicht wissen, worauf ich als Trainer mit einer solchen Frage abziele.

Ergänze ich die Frage nach dem Gehalt um eine Begründung, sieht es schon wieder etwas anders aus.

Zum Beispiel sage ich: „Verraten Sie mir unter vier Augen Ihr Bruttoeinkommen aus dem Vorjahr? Ich habe einen super Steuerberater in Berlin, der Ihnen auf Basis dieser Zahl bis zu 4.000 Euro mehr Nettolohn beschaffen könnte, ohne große Umwege. Wäre das für Sie interessant?" Da nicken zumindest schon einige Teilnehmer.

Wer gut begründet, überzeugt auch durch seine Fragen. Es besteht ein schmaler Grat zwischen einem Gespräch auf Basis von Neugier und einem Verhör.

Die Tücken der Wahrnehmung

Es gibt bestimmte Wahrnehmungsgesetze, die unsere Sichtweisen stark bestimmen.

1. Wahrnehmungsgesetz: „Der Mensch sieht nur das, was er weiß."

Wenn ich dich, liebe Leserin, lieber Leser, nun frage, wie viel eins plus eins ist, wirst du wie aus der Pistole geschossen denken: zwei – ist doch logisch. Warum löst du diese Gleichung so schnell? Weil du es gelernt hast.

Würde ich dir nun eine pq-Formel zeigen, könntest du vielleicht im ersten Moment (klar, je nach beruflichem Kontext) nicht mehr viel damit anfangen. Zumindest fiele deine Antwort etwas langsamer aus. Das rührt daher, dass die meisten Menschen es zwar in der Schule einmal gelernt, aber wieder vergessen haben.

Bei einem persischen Schriftzeichen müsstest du wahrscheinlich komplett passen. Ausgenommen, du hast ein besonderes Interesse an der persischen Sprache und ihren Schriftzeichen.

Die meisten Informationen, auf die wir im Alltag treffen, folgen dem Wahrnehmungsgesetz:

Der Mensch sieht nur das, was er weiß.

Wie zeigt sich dieses Gesetz?

Viele Verkäufer benutzen unterbewusst die Fragen und Fragetechniken, die sie schon kennen. Neues zu erfinden fällt uns allgemein schwerer, da wir uns ständig in gewohnten Mustern bewegen. Das Gleiche gilt für spezifische Berufsgruppen und ihre Sichtweise auf und ihre Wahrnehmung von Alltagssituationen.

Wenn du ein bestimmtes Produkt im Portfolio selbst magst, ist es sehr wahrscheinlich, dass du es in Verhandlungen öfter erwähnst als andere Produkte. Das hat etwas mit deiner Wahrnehmung zu tun. Das wird sich aber nicht immer erfolgreich auf den Kunden auswirken.

Was kannst du nun aber tun, um dieses Wahrnehmungsgesetz zu umgehen oder zumindest die Gefahren dahinter etwas zu schmälern? Natürlich deinen eigenen Status und deine Vorgehensweisen immer wieder hinterfragen. Neue Fragen lernen. Immer mal wieder andere Vorgehensweisen ausprobieren.

2. Wahrnehmungsgesetz: „Der Mensch sieht nur das, was er sehen will!"

Stell dir folgendes Szenario vor: Ein junges Pärchen ist seit vier Monaten zusammen und will gemeinsam von Berlin nach Düsseldorf ziehen. Ihre Beziehung ist noch ganz jung und sie haben sich jetzt einen Termin für eine Wohnungsbesichtigung in Düsseldorf beschafft.

Für das Mädchen bietet sich in Düsseldorf eine tolle berufliche Chance. Sie kann einen großen Karrieresprung machen. Hinzu kommt, dass der Großteil ihrer Familie in und um Düsseldorf herum wohnt. Bei ihm sieht es anders aus.

Er hat mal in Düsseldorf gearbeitet, wurde dort ziemlich gemobbt und ist damals genau aus diesem Grund nach Berlin umgezogen. Jetzt schauen sich die beiden zusammen ihre potenzielle neue Wohnung an.

Was glaubst du, wie dieser Termin ablaufen wird? Durch welche Brille gucken die beiden sich diese Wohnung an?

Du kannst es dir sicherlich vorstellen. Das Mädchen wird sagen: „Super toll, gut geschnitten. Alles so, wie ich es mir wünsche." Er wird vermutlich hier und da Dinge zu bemängeln haben und alles deutlich kritischer beurteilen. Beide kommunizieren auf Ebenen, um die es eigentlich gar nicht geht. Hier spielen unterschiedliche Erfahrungen eine Rolle.

Es gibt manchmal Themen, Erfahrungen, Informationsmuster, die in der Kommunikation mitschwingen. Solche, die du beispielsweise als Verkäufer gar nicht kennen kannst.

In diesen Fällen hilft es, tiefer zu hinterfragen, neugieriger zu sein und einen Perspektivwechsel vorzunehmen. Warum? Um nicht in eine solche Wahrnehmungsfalle zu tappen.

3. Wahrnehmungsgesetz: „Was wir nicht sehen, ist immer größer!"

Was du nicht siehst, ist immer der größere Teil. Dein Unterbewusstsein spielt dir dabei einen Streich. Auch im Hinblick auf deine Verhandlungspartner. Meistens kennst du den größeren Teil nicht.

Ein anderes Beispiel bilden die Medien. Du siehst nur noch einen Ausschnitt der Realität. Du kannst diesen Zustand nur umgehen, indem du neugierig bleibst, hinterfragst, viel liest oder beispielsweise andere Quellen hinzuziehst.

Es ist immer eine Frage deiner Einstellung. Wenn du glaubst, schon alles zu wissen, bist du verloren. Sogenannte beratungsresistente Menschen kommen im Leben nicht weit. Ihnen fehlt die nötige Neugier.

Denke niemals, du hättest das Allerheilsdogma. Das bedeutet nur, dass du aufhörst zu lernen. Deine Neugier auf die Zukunft wird darunter leiden und dir wichtige Chancen verbauen.

Wie du Neugier entwickeln kannst

Das ganze Leben ist ein Lernprozess. Jeder Mensch bringt positive und negative Eigenschaften mit oder vertritt seine Einstellung. Manchmal ist es entscheidend, den Kreislauf zu durchbrechen.

Konkrete Schritte zur eigenen Weiterentwicklung und zum richtigen Umgang mit Kunden:

01. Neugier geht immer weiter und hört nie auf.

02. Stelle Fragen. Und zwar nicht nur gewohnte, sondern auch neue Fragen.

03. Gehe immer wieder mit frischem Kopf an die Situation heran.

04. Stelle ANDERE Fragen, die nicht gewöhnlich sind.

05. Probiere neue Wege aus, die du noch nie gegangen bist.

Thomas Sajdak

6. MUT

Ein Kundenschwarm ist mutig, ohne übermütig zu sein

Es gibt viele Menschen, die eine Idee oder eine bestimmte Vorstellung haben. Ob es nun private und berufliche Ziele sind, der Traumkunde oder das familiäre und freundschaftliche Umfeld.

Wenn du etwas erreichen willst, bringt dir die bloße Vorstellung davon jedoch wenig. Man muss sie auch umsetzen. Genau daran scheitern die meisten.

Natürlich bestimmen Vorstellungen immer unser Verhalten. Aber änderst du dich, bloß weil du dieses Buch jetzt liest?

Vermutlich nicht. Sondern erst dann, wenn du den Mut dazu hast, Neues auszuprobieren und Gedanken in Taten umzusetzen. Extreme Vorstellungskraft braucht eine gute Dosis Mut. Es wird immer Situationen im Leben geben (auch mit Kunden), in denen du dich entscheiden musst:

Machst du einen bestimmten Schritt oder nicht? Auch dafür benötigst du Mut. Mut ist der Treibstoff für die Weiterentwicklung als Verkäufer.

Angst versus Mut

Geh auch mal mit dem Herz durch die Wand. Die Angst, etwas falsch zu machen, hemmt uns häufig. Manchmal ist das gut, meistens ist es jedoch die größte Bremse für den Erfolg.

Verkäufer leiden nicht selten unter dem Konformitätszwang, der sie davon abhält, aus gewohnten Mustern auszubrechen.

Bereits Denker und Dichter wie Wilhelm Busch, Berthold Brecht oder der Kabarettist Werner Kroll pflegten zu sagen:

„Ist der Ruf erst ruiniert,
lebt es sich ganz ungeniert.“

Die Angst ist dein schlimmster Feind. Sie wird dich niemals weiterbringen, sondern immer dort halten, wo du gerade bist. Du kommst immer wieder an deine Grenzen. In diesen Situationen musst du deinen Mut neu entwickeln.

Entweder entscheidest du dich also dazu, mutig zu sein, oder dazu, deiner Angst nachzugeben. In der Weiterbildungsbranche tendieren einige Leute zu übertriebenem Optimismus.

Man spricht teilweise davon, irgendwann frei von negativen Gefühlen oder Ängsten sein zu wollen. Ich halte diesen Ansatz für völlig falsch. Wer das glaubt, wird sein Leben lang nicht damit aufhören.

Niemand wird sich je komplett von Zweifeln und/oder anderen negativen Gefühlen völlig befreien können. Also, egal was dich gedanklich abhält etwas zu tun, tu es trotzdem! Tu es trotzdem, denn du wirst die Zweifel nicht wegdenken können.

Erst danach kannst du wirklich wissen, was es dir gebracht hat oder nicht. Du wirst dich sonst nie von Ängsten und Unsicherheiten befreien können.

Wenn du diesen Gefühlen aber trotzt, wirst du besser. Den Mut dafür musst du jedes Mal aufs Neue selbst generieren. Mut muss immer neu errungen werden, wir haben ihn nicht einfach so.

Traue dich zum Beispiel, einem Kunden auch mal ehrlich deine Meinung zu sagen, wenn es für ihn besser ist. Sprich an, was du fühlst oder denkst. Probiere einen neuen Weg aus und lasse dich überraschen, ob er zum Erfolg führt. Lieber verlierst du mal einen Kunden, statt die Dinge immer so anzugehen, wie alle es machen.

Es ist so ähnlich wie bei Kindern, die zum ersten Mal mit Inline-Skates oder dem Fahrrad eine Treppe herunterfahren wollen. Sie stoppen immer wieder kurz vorher, weil sie Angst haben. Irgendwann sind sie mutig genug und fahren drei Treppenstufen herunter. Sie haben das erste Erfolgserlebnis.

Wenn sie jetzt aber sechs Treppenstufen vor sich hätten, müssten sie wieder neuen Mut generieren. Es geht also immer weiter. Man muss ständig neuen Mut aufbringen.

Wer mutig ist, kann nur gewinnen

Jeder Verkäufer fragt sich von Zeit zu Zeit, welche Verhaltensweise er bei einem bestimmten Kunden an den Tag legen sollte. Mir ging es jedenfalls oft so. Ich hatte dann ein komisches Gefühl und war mir nicht sicher, wie ich in der Situation am besten reagieren sollte. Meine Meinung sagen, offen und ehrlich sein? Oder nachgeben beziehungsweise unterdrücken?

Ich brachte den Mut auf, meine Kunden zu konfrontieren, und genau dadurch fiel ich auf. Nur auf diese Weise gelingt es, gute persönliche Beziehungen aufzubauen. Und das gilt in der Tat auch für unsere privaten Beziehungen.

Ich schätze, es ist die Fähigkeit, sich selbst zu blamieren oder etwas Peinliches zu machen, die andere beeindruckt. Damit zeigst du nämlich, dass du dich nicht abhängig machst. Du ziehst dein eigenes Ding durch. Komme, was wolle.

Und das gelingt nicht jedem. Du wirst automatisch Respekt ernten. Und was noch viel besser ist: Du befreist dich selbst von dieser dämlichen Angst vor Blamage.

Oft stehen Verkäufer unter einem enormen Druck. Sie wollen unbedingt diesen einen Abschluss machen. Dieser Druck, den sie sich selbst machen, führt zu übermäßigem Perfektionismus.

Manchmal ist weniger einfach mehr. Hab auch mal Mut zur Lücke. Dieser Spruch hat sich schon zu Schulzeiten als richtig erwiesen. Kein Mensch ist perfekt. Wer danach strebt, verliert sich am Ende bloß in Details und verliert den Blick für das große Ganze.

Denke nicht immer alles bis zum bitteren Ende durch, sondern fang einfach an. Das heißt nicht, dass du übermütig werden sollst. Hier muss man klar differenzieren. Es ist immer ein Zusammenspiel vieler Faktoren.

Mut führt zu Freude, wenn etwas funktioniert hat. Jeder kennt das Gefühl der Angst. Man traut sich nicht, etwas zu tun. Bringt man schließlich doch den Mut auf und alles läuft glatt, wird man mit dem schönsten Glücksgefühl belohnt. Im Vertrieb ist es genauso. Du durchbrichst eine neue Zone, indem du etwas anders machst als sonst. Diese kleinen Erfolge feierst du.

Wenn du scheiterst, übernimmst du eben die Verantwortung dafür, dass es mal nicht geklappt hat. Du hast einen Fehler gemacht und lernst daraus. Im Prinzip kannst du nie verlieren, wenn du mutig bist. Du gewinnst entweder ein Erfolgserlebnis oder lernst!

Als Verkäufer solltest du dich viel häufiger den Grenzen des Vertriebs aussetzen. Teste zum Beispiel deinen Preis. Geh direkter oder weniger direkt auf Kunden zu. Probiere neue Verkaufsstrategien aus. Initiiere einen Abschluss, statt den Kunden warten zu lassen. Sei mutig, auch wenn er sich nicht mehr meldet, und fasse nach. Beobachte, wie die Leute auf deine Art reagieren.

Ich höre nicht selten, dass einige Verkäufer zu abschlussschwach seien.

Ich persönlich führe das auf Informationsmangel zurück. Gerade in der Abschlussphase verhalten sich viele Verkäufer zu devot.

Also, sei mutig und zuversichtlich, dass dein Kunde auch kaufen möchte. Sprich ihn ganz gezielt an und bewege ihn zum Abschluss. Vielleicht empfindest du es als unangenehm, so direkt zu sein. Aber genau das ist auch Mut.

Thomas Sajdak

Kein Verkäufer kann erwarten, dass ein Kunde sofort aufspringt und Ja sagt. Kunden – beziehungsweise Menschen generell in Entscheidungsmomenten – brauchen Sicherheit in der Abschlussphase.

Hier geht uns noch einmal alles durch den Kopf. Wenn ein Verkäufer dann selbst unsicher wirkt oder gar nichts tut, ist das sicherlich nicht der Sicherheit des Kunden dienlich.

Ich erinnere mich noch genau an eine Situation mit einem meiner ersten Kunden. Ich kam zu unserem Erstgespräch und fing an, ihm die typischen Fragen zu stellen, die ich eben so gelernt hatte: Was ist Ihnen besonders wichtig? Welche Weiterbildungsmöglichkeiten stellen Sie sich vor? Und so weiter.

Irgendwann reagierte er ziemlich patzig und sagte: „So, jetzt hören Sie mal mit diesem Frage-Antwort-Spiel auf und sagen Sie mir einfach, wer Sie sind und was Sie können."

In diesem Moment bekam ich also einen enormen Gegendruck von der anderen Seite. Ein Stück weit imponierte es mir sogar. Ich hätte an dieser Stelle einknicken können.

Stattdessen sagte ich: „Ich kann Ihnen jetzt gewiss lange erzählen, welche Trainings ich anbiete, welche Referenzen ich habe, was ich alles so vermeintlich kann und wer ich bin. Allerdings wird uns das viel Zeit kosten. Wenn Sie mir daher ein wenig Vorschussvertrauen geben und meine Fragen beantworten, können wir sicher schneller prüfen, ob ich Ihnen nützlich sein kann. Mich interessiert, was Sie hier im Unternehmen bewegt, und ich möchte natürlich auch

herausfinden, ob eine Zusammenarbeit zwischen uns sinnvoll ist und passt."

Für diesen Schritt brauchte ich damals mehr Mut als heute.
Sonst hätte ich wahrscheinlich wild drauflos geplappert, was
ich alles kann und wie meine Seminare aussehen. Ich wollte
aber wirklich verstehen, was der Kunde wollte und brauchte.

Das funktionierte für mich nur über Fragen. Ich wollte ihm
mein Bestmögliches bieten.

Vielleicht stellte ich zu viele technische Fragen und schätzte die Situation falsch ein. Mit meiner Reaktion konnte ich
den Ball aber noch mal zurückspielen. Es hat jedenfalls
funktioniert, denn der Kunde öffnete sich anschließend.
Möglicherweise imponierte es ihm auch, dass ich ihm Kont-
ra gegeben hatte.

Ein anderes Mal musste ich vor dem Vorstand eines großen Versicherungskonzerns präsentieren. Der Auftrag war
mir wirklich wichtig. Ich wollte diesen Abschluss machen.
Während meiner Präsentation blökte ständig eines der Vor-
standsmitglieder dazwischen. Nach dem Motto: „So ein
Psycho-Kiki brauchen wir hier nicht!" Oder: „Das bringt doch
eh nichts!"

Das Ganze habe ich ein paar Mal bewusst ignoriert/überhört,
obwohl ich ziemlich aufgeregt war. Mein Herz schlug mir bis
zum Hals. Doch irgendwann nahm ich meinen Mut zusammen und konfrontierte diesen Herrn.

Nicht in einem offensiven Kampfmodus, sondern auf positiver Ebene. Schließlich wollte ich keine Ego-Diskussion vor der gesamten Gruppe entfachen.

Ich ging direkt zu ihm hin und sagte: „Ich habe den Eindruck, dass das Thema für Sie auch sehr wichtig ist. Haben Sie eine Frage dazu?"

Manchmal merkst du, dass dir ein mächtiger Mensch gegenübersitzt, der Gegendruck erzeugt. Hier brauchst du vielleicht etwas mehr Mut zur Rückfrage oder zur positiven Konfrontation.

Das Spannende war, dass er sich plötzlich ziemlich ruhig und nett verhielt. Später wurde mir bewusst, dass es durchaus etwas mit Gruppendynamik zu tun hatte. Denn was war passiert?

Ich hatte eine Art Scheinwerfer auf ihn gerichtet und ihn „eingeladen", konstruktiv mitzuwirken. Ohne dass ich mit ihm in den Kampfring stieg. Und zwar unter Beobachtung aller Anwesenden. Allein dadurch konnte ich ihn besänftigen. Er spürte das und verhielt sich fortan konstruktiv.

Heutzutage weiß ich genau, wann und wie ich die Gruppe für mich arbeiten lasse, ohne selbst kämpfen zu müssen.

Als Verkäufer musst du ständig an deine Grenzen gehen und sie austesten. Ob es nun bei der Preisgestaltung, im Marketing oder in sonst einem Bereich ist. Warum sollten dich sonst irgendwelche Kunden in Erinnerung behalten, wenn du das Gleiche machst wie alle anderen?

Sei immer anders. Sei immer bewusst anders! Sag dir: Marketing kommt von markant. Hab den Mut, du selbst zu sein, und lass dich bitte nie in eine Rolle pressen, die gar nicht zu dir passt.

Vertritt deine eigene Meinung und agiere frei. Auch so entsteht der Kundenschwarmeffekt. Menschen spüren, dass du innerlich frei bist, und kaufen das auf eine gewisse Weise immer mit.

Hüte dich vor Übermut

Mut ist die Fähigkeit, etwas zu wagen und eine Schwelle zu überschreiten. Du überwindest bestimmte Grenzen, die in deinem Kopf vorherrschen. Auch wenn du dich dabei noch nicht ganz sicher fühlst und nicht weißt, wie es ausgeht.

Übermut hingegen ist gefährlich, da du die Folgen deines Verhaltens in keinster Weise berücksichtigst. Mut impliziert immer auch, im Vorhinein bestimmte Faktoren zu bedenken.

Werde nicht übermütig oder leichtfertig. Du solltest immer so handeln, dass du deine Entscheidungen im Nachhinein noch vertreten kannst. Du musst die Verantwortung dafür übernehmen können. Sei dir also der Konsequenzen bewusst und durchdenke dein Handeln auf gesunde Art und Weise, ohne dich verrückt zu machen.

Übermut ist bloß Mut aus Prinzip. Hier fehlt jegliche Logik. Übermütige Menschen neigen zu mangelnder Selbsteinschätzung. Wichtiges Feedback der Außenwelt blenden sie komplett aus. Übermut verleitet zu blinden Überschreitungen. Beispielsweise um sich selbst etwas zu beweisen. Oder wenn du als Verkäufer einen Abschluss einleitest, obwohl dein Kunde gar kein Interesse hat.

Es gibt auch Situationen, in denen man sich als Verkäufer sicher fühlt und denkt, den Auftrag bereits in der Tasche zu haben. Man wird übermütig und nachlässig. Man hört auf, gezielt vorzugehen und zu planen. Wodurch es schließlich doch nicht zum Abschluss kommt.

Ich unterscheide zwischen vier Typen: Angstdenker, Sorgendenker, Arbeitsdenker und Chancendenker.

Der Angstdenker ist mental schon komplett blockiert. Er handelt aus einem einzigen Aspekt heraus, nämlich der Angstvermeidung. Kreativität und Lösungsfindung mit anderen sind hier nicht zu erwarten.

Der Sorgendenker ist immer unsicher und äußert stets Bedenken. Auch dieses Denkdesign wird ihn selten ins Handeln bringen.

Der Arbeitsdenker legt einfach erst einmal los, ohne überhaupt zu hinterfragen und zu prüfen.

Der Chancendenker überlegt sich genau, welche Optionen und Risiken bestehen, wenn er mutig vorgeht und seine Pläne konsequent umsetzt. Er verschafft sich eine Übersicht und handelt dann bewusst und konsequent.

Es gibt Menschen, die etwas einfach tun, und solche, die etwas ganz bewusst wagen. Übermut impliziert, Gefahren und Konsequenzen völlig außer Acht zu lassen. Kinder lassen sich häufig von anderen zu Mutproben verleiten, ohne darüber nachzudenken, was passieren könnte.

Im Business kann der Schuss nach hinten losgehen, wenn du irgendeinen Blödsinn bei deinem Kunden fabrizierst. Wenn du unüberlegt und völlig blind handelst.

Es ist immer ein Zusammenspiel aus dem Abwägen von Risiken – sich Gedanken machen – und dem Lernen aus Fehlern. Oft kann man erst auf dem Rückweg sagen, ob man nun Glück hatte oder eine Niederlage erleben musste.

In bestimmter Weise ist das alles relativ. Denn wenn es gut läuft, war man mutig. Wenn es schlecht läuft, war man der Trottel.

Daher:

- Sei mutig, aber schlage nicht über die Stränge.

- Lote deine Grenzen aus und hole Feedback ein.

- Versuche festzustellen, ob viele deiner Grenzen nicht bloß im Kopf bestehen.

Stell dir vor, du kommst an einen Bach. Dort springen drei Kinder immer hin und her, von der einen auf die andere Seite. Es ist kaum zu übersehen, dass sie riesigen Spaß daran haben. Hast du dich schon mal gefragt, woran das liegt?

Für die Kinder erfordert der Sprung über den Bach einen gewissen Mut. Er ist jedoch machbar und nicht übermäßig riskant. Sie verhalten sich also mutig, ohne übermütig zu werden.

Der Bach löst bei den Kindern einen gewissen Reiz aus. Er stellt einen neuen Schritt beziehungsweise ein realistisches Ziel dar. Ein sechs Meter breiter Fluss wäre für die Kinder unbezwingbar. Sie würden sich bloß einem hohen Risiko aussetzen (Übermut).

Überlege dir immer, wie dein nächster Step aussehen soll. Was kannst du? Wozu bist du in der Lage? Das erfordert eine gute Selbsteinschätzung.

Thomas Sajdak

7. VERANTWORTUNG

Ein Kundenschwarm übernimmt Verantwortung, ohne sich zu rechtfertigen

Dafür bin ich nicht zuständig." Bestimmt hast du diesen Satz als Kunde schon mal gehört. Was dachtest du in diesem Augenblick? Als Kunde suchst du einen Menschen, der dir helfen will. Nicht jemanden, der sich nicht zuständig fühlt und Verantwortung von sich weist.

Erfolgreiche Menschen übernehmen immer die Verantwortung. Für mich gehört dies zu den Grundeigenschaften eines guten Unternehmers und Verkäufers. Selbst wenn er nicht der geeignete Ansprechpartner ist, sollte er sich trotzdem verantwortlich fühlen und sein Bestes geben.

Zum Beispiel indem er die richtigen Informationen beschafft, um seinem Kunden helfen zu können. Oder – sofern er nicht weiterweiß – den Richtigen für die jeweilige Aufgabe empfiehlt.

Es ist immer einfacher, Nein zu sagen oder die Schuld für ein gescheitertes Projekt jemand anderem zu geben. Es ist immer leichter im Leben, den anderen die Schuld zuzuweisen: dem Kunden, dem Partner, den Eltern.

Die Kunst liegt darin, immer den eigenen Anteil an unseren Resultaten im Leben zu erkennen und zu lernen, wie man wirksamer werden kann. In der Psychologie spricht man auch von Selbstwirksamkeit.

Egal ob du einen Fehler machst oder nicht: Übernimm die Verantwortung für das Ergebnis. Niemand möchte Rechtfertigungen hören. Dann schon lieber eine gut begründete Entschuldigung. Rechtfertigungen markieren lediglich deine Grenzen.

Nehmen wir an, du rechtfertigst dich dafür, etwas nicht zu können. Du erklärst, die Aufgabe sei zu schwierig. Welcher Sinn steckt dahinter?

Ist doch klar! Du willst nicht so stark ins Gericht genommen werden. Und was steckt wieder einmal dahinter? Die menschliche Suche nach Anerkennung, Bestätigung oder Verständnis. Du vermittelst einen viel besseren Eindruck, wenn du statt „Dafür bin ich nicht zuständig" sagst: „Ich kümmere mich darum."

Das Verkäufer-Dasein beginnt mit der richtigen Grundhaltung. Übernimm die Verantwortung für dich, deine Kunden, die Ergebnisse und die Kommunikation.

Sag, was du leisten kannst. Alles andere kostet dich und andere nur Zeit. Sei proaktiv. Zum Beispiel wenn es darum geht, den Abschluss einzuleiten. Manche Kunden brauchen einen kleinen Stups. Indem du ihnen gut zuredest, vermittelst du eine gewisse Sicherheit. Auch das fällt unter Verantwortung.

Wenn ein Abschluss nicht zustande kommt, liegt es häufig daran, dass der Verkäufer dem Kunden unterbewusst ein schlechtes Gefühl vermittelt und damit die Beziehungsebene schwächt.

Warum es so wichtig ist, Verantwortung zu übernehmen

Es gibt immer wieder diese klassischen Fälle, in denen sich ein Kunde für jemand anderen entscheidet. In diesen Fällen solltest du die Verantwortung dafür auf dich nehmen.

Vermutlich hast du vom ersten Kontakt bis zur letzten Begegnung etwas falsch gemacht. Vielleicht war es nur eine Kleinigkeit. Finde heraus, was dazu geführt hat.

Diese Haltung löst bei den meisten Kunden interessanterweise ein schlechtes Gewissen aus. Dadurch erhältst du von der Gegenseite viel eher Informationen darüber, warum die Entscheidung zugunsten eines anderen gefallen ist.

Das hilft dir dabei, es beim nächsten Mal besser zu machen. Zeig also auch bei nicht zustande gekommenen Abschlüssen immer persönliche Größe. Viele Verkäufer knicken aufgrund verkümmerter Egos wegen einer Absage massiv ein. Das ist jedoch völlig unnötig.

Statt mit dem Ego zu reagieren, sollten wir aus dem Fehlschlag lernen oder es zumindest schnell akzeptieren, dass wir nicht die einzigen Verkäufer und Unternehmer auf der Welt sind.

Warum sollte die Beziehungsebene zum anderen Menschen dadurch leiden? Das muss sie nicht. Viele Verkäufer nehmen Misserfolge viel zu persönlich. Und das kostet Energie und bei manchen auch Zeit. Zeit, in der schon wieder ein anderes Projekt gewonnen werden könnte.

Ein Verkäufer lässt sich gut mit einer Führungskraft vergleichen. Verkaufen heißt: Wie agierst du für die Menschen in deinem Umfeld verantwortlich oder nützlich?

Du willst nicht nur etwas verkaufen, sondern auch zum Erfolg deines Kunden beitragen. Du denkst nicht nur an dich. Wenn du deinem Kunden nicht helfen kannst, dann stell doch einen Kontakt zu jemandem her, der es kann. Durch solche Maßnahmen entsteht mitunter ebenfalls der Kundenschwarmeffekt.

Mach dich anderen Menschen einfach nützlich und es wird immer früher oder später etwas zurückkommen. Du erntest immer, was du säst! Ein professioneller Verkäufer kennt den Markt und gibt seinen Kunden die besten Tipps.

Manchmal eben auch, ohne selbst in erster Linie davon zu profitieren. Ich kann dir versprechen, dass du dadurch deutlich mehr positive Resonanzen bekommen wirst.

Dein Kunde spürt, dass du mehr als nur ein Lieferant für ihn bist. Du denkst für ihn mit und übernimmst sogar für sein Business ein Stück Verantwortung.

Verkaufen ist eine Dienstleistung
– du dienst deinem Kunden.

Und das am besten in jeglicher Hinsicht! Du lieferst ihm einen Mehrwert und hilfst ihm dabei, die richtige Entscheidung zu treffen. Wenn er kalte Füße bekommt, zeigst du ihm seine Optionen auf.

Du machst dich dienlich. Deine Arbeit geht über den Verkauf weit hinaus. Du bietest gute Produkte und Dienstleistungen, schaffst Lösungen und sorgst dafür, dass dein Kunde erfolgreicher wird.

Im norddeutschen Raum spricht man häufig vom Prinzip des ehrbaren Kaufmanns. Er zeichnet sich durch ein sehr nachhaltig agierendes Wesen aus und gibt seinem Umfeld immer etwas zurück.

So verhalten sich alle erfolgreichen Unternehmer unserer Zeit. Manche Unternehmen engagieren sich (auch aus Marketinggründen) in den Bereichen Nachhaltigkeit oder

Umweltschutz. Sie legen Wert auf Ethik und achten auf das Wohl ihrer Kunden.

> *„Du erntest, was du säst."*
> *– Bibel, Korinther 9:6–7*

Wenn du in deinen Kundenschwarm investierst, kommt er zu dir zurück. Fakt ist, die großen und langfristigen Kundenbeziehungen baust du nur mit dieser Einstellung auf. Früher oder später merken die Leute es dir an, wenn hinter allem, was du tust, nur heiße Luft steckt.

Es gibt diverse Verkäufer, die keine Verantwortung übernehmen. Einige haben leider nur den hohen Betrag am Ende des Monats im Auge. Der Grundgedanke zum Thema Verantwortung ist folgender: Gibst du anderen die Schuld, wenn etwas nicht funktioniert hat, oder suchst du einen Lösungsweg?

Wie du das nötige Verantwortungsbewusstsein entwickelst – Dos & Don'ts

Die wichtigsten Punkte:

- Denke für deinen Kunden mit.

- Setze dich mit seinem Erfolg auseinander.

- Nimm Anteil an seiner Situation.

- Agiere, statt nur zu reagieren.

- Vermeide eine passive Schädigung des Vertrauens.

- Kümmere dich um ihn, wenn er nicht zufrieden ist (vor allem bei Reklamationen!).

Sobald du dem Kunden das Gefühl gibst, alles für ihn zu tun, wird er dir Verständnis entgegenbringen. Suchst du jedoch nach Ausreden, wird er aller Wahrscheinlichkeit nach misstrauisch reagieren.

Sätze, die du als Verkäufer vermeiden solltest:

- Das hat die Führungsetage entschieden.

- Was ist denn Ihr Problem?

- Das ist uns in letzter Zeit häufiger passiert.

- Das kann ich mir wirklich nicht vorstellen.

- Da haben Sie sicher etwas falsch gemacht/falsch verstanden.

- Nun regen Sie sich doch nicht so auf.

- Ich muss das erst mal nachprüfen/weitergeben. Dafür bin ich nicht zuständig.

- Das ist eine geschäftspolitische Entscheidung.

- Ja, ich finde den Preis auch hoch.

Das sind die schlimmsten Sätze, die man als Verkäufer oder Dienstleister aussprechen kann. Belehrungen, Schuldzuweisungen, Ausreden, Rechtfertigungen, falsche Solidarität sollte jeder tunlichst vermeiden! Pflege deine Kundenbeziehungen und verhalte dich loyal. Dazu gehört,

- nachzufragen

- Trends zu erkennen

- Unzufriedenheit wahrzunehmen

- für Begeisterung zu sorgen

- dich nützlich zu machen

- dem Kunden Sicherheit zu geben (auch im Nachgang)

- Versprechen einzuhalten

- einfach Verantwortung zu übernehmen.

Vor allem an Versprechungen halten sich viele Verkäufer nicht. Genau bei diesem Thema kannst du dich von der breiten Masse abheben und wirklich punkten.

Selbst wenn es den Rahmen deines Angebots einmal sprengen sollte: Tu es trotzdem. Dann wirst du niemals Probleme haben, Kunden zu gewinnen und langfristig an dich zu binden. Wer sein Wort hält, hat einen Stein im Brett.

> *Du bist es aber auch dir selbst*
> *und DEINEN Gefühlen schuldig,*
> *Verantwortung zu übernehmen.*

Wenn du merkst, dass ein Kunde nicht zu dir passt, liegt es an dir, etwas zu tun. Du kannst zum Beispiel ganz freundlich sagen: „Ich schätze Sie sehr, aber leider passt es nicht so richtig. Wir bitten um Ihr Verständnis und zahlen Ihnen (im Zweifel) auch gerne Ihr Geld zurück."

Das klingt verrückt, oder? Aber genau das solltest du tun, wenn du einmal merkst, dass eine Zusammenarbeit nicht auf den Kundenschwarmeffekt hinausläuft. Weder du noch dein Kunde hat von dieser Zusammenarbeit etwas. Auch damit zeigst du, dass du eigentlich nur das Beste im Sinn hast. Und wenn das eben einmal nicht eintritt, dann gilt es, konsequent zu sein.

Ein anderes Beispiel: Wenn du einem Mitarbeiter kündigst, ihm aber den Grund nicht verrätst, wird er wahrscheinlich schlecht über dich reden.

Es gibt aber auch die Variante, jemanden wertschätzend zu entlassen und ihm zu erklären, woran es lag. Du könntest sagen:

„Sie sind ein sehr talentierter Mensch, aber nach dem Prozess hier sind wir zu der Überzeugung gelangt, dass Sie sich hier nicht entfalten können. Wir werden uns daher von Ihnen trennen und helfen Ihnen natürlich bei der Suche nach einem passenden Arbeitgeber. Wir glauben, dass Sie sich woanders besser entfalten können."

Wird jeder Mensch, der so eine Kündigung erhält, positiv reagieren? NEIN! Natürlich nicht. Aber einige. Einige Menschen, denen auf diese Weise gekündigt wird, werden das Unternehmen trotzdem positiv verlassen.

Sie werden denken: Mir wurde zwar gekündigt, aber zugleich sogar noch eine neue Stelle vermittelt. Das nennt man dann Arbeitgebermarketing. Im Hintergrund steht auch, ähnlich wie beim Kundenschwarmeffekt, eigentlich immer die Frage: Wie reden Mitarbeiter oder Menschen, die uns verlassen haben, über dieses Unternehmen?

8. OPTIMISMUS

Ein Kundenschwarm ist optimistisch, ohne naiv zu sein

Du hast bereits eine Menge Eigenschaften kennengelernt, die einen Kundenschwarm ausmachen. Vielleicht denkst du gerade: Oh Gott, worauf ich alles achten muss! An diesem Punkt berufe ich mich auf den Kerngedanken dieses Kapitels und sage: Sei optimistisch!

Womit wir zur letzten wichtigen Denkweise kommen. Bleib immer zuversichtlich, dass du alles schaffen und deinen Kunden helfen kannst. Sprich: dass du ein besserer Verkäufer, Unternehmer oder Dienstleister sein kannst als andere.

Optimismus ist eine Lebenseinstellung, die dich nicht nur beruflich, sondern auch privat weiterbringt. Erwarte immer das Beste von der Zukunft.

Diese Einstellung gibt dir die mentale Kraft, immer dranzubleiben. Auch bei Fehlern oder Niederlagen nicht aufzugeben, sondern daran zu wachsen.

Zuversicht und Optimismus werden auch in der Medizin als wichtig erachtet. So sagt man beispielsweise, dass Menschen gesund werden, indem sie lachen. Durch Freude und Optimismus werden Endorphine ausgeschüttet, die deinen Körper positiv beeinflussen.

> *Zuversicht ist in der Differenzierung etwas, das auch aus deinen Kompetenzen erwächst.*

Ebenso spielt der Glaube an Glück und daran, dass schon alles gut wird, eine Rolle. Beim Optimismus gibt es natürlich immer einen Unsicherheitsfaktor. Daher empfinden wir stark optimistische Menschen manchmal auch als naiv.

Zuversicht entsteht mit der Zeit ohnehin. Zumindest sollte es so sein. Ich bin mittlerweile sehr zuversichtlich: Egal was passiert – mein Wissen und meine Erfahrungen würden es mir immer wieder ermöglichen, ein erfolgreiches Geschäft zu gründen.

Daher ist das beste Investment nach wie vor das in deine Bildung! Die kann dir niemand nehmen!

Warum sind Zuversicht und Optimismus wichtig? Zuversicht und Optimismus übertragen sich auf deine Wirkung. Wenn du negativ denkst, wirst du genau das ausstrahlen und auch anziehen.

Angenommen, du sitzt einem Kunden gegenüber und denkst: Der Auftrag kommt eh wieder nicht zustande, denn der Typ guckt genauso komisch wie der letzte Kunde. Dann wird er es dir anmerken und vermutlich bewahrheitet sich dein Gedanke.

Die self-fulfilling prophecy ist kein Esoterik-Hokuspokus. Deine Gedanken haben immer Einfluss auf deine Wirkung, und die kommt bei anderen an und löst manchmal genau diesen Zukunftsgedanken aus.

Die Selbstwirksamkeitserwartung steht und fällt unter anderem mit deiner Zuversicht. Du brauchst das Vertrauen in dich selbst. Du musst wissen, dass du etwas bewirken und jemanden durch deine Verkaufstechniken zum Abschluss bewegen kannst.

Diese Art der Zuversicht entspringt natürlich dem Bewusstsein deiner eigenen Fähigkeiten. Alles andere wäre nur die Hoffnung auf Glück. Das heißt, du musst zunächst einmal starten und deine Erfahrungen machen. Mit der Zeit steigt auch die Zuversicht.

Naivität hingegen bedeutet, immer zu meinen, dass schon alles gut gehen wird. Damit kommst du selbstverständlich nicht weiter. Zuversicht und Optimismus geben dir die nötige Motivation, immer weiterzumachen und alles Nötige zur Erreichung deiner Ziele zu tun.

Realistischer Optimismus bringt dich weiter. Trotzdem solltest du dein Handeln immer reflektieren und überlegen, was du noch besser machen kannst.

Welche Stellschrauben kannst du vielleicht noch optimieren? Du wirst ab und an Fehler machen. Du triffst auf Kunden, die dich nicht mögen. Der Markt gerät ins Schwanken und damit auch dein Umsatz.

Ein Optimist weiß, dass diese Zeiten vorbeigehen und bessere kommen werden. Er erhöht sein Pensum, arbeitet an sich und versteht Fehler als Chance.

Wie du Zuversicht und Optimismus entwickelst

Mach dir immer wieder deine Erfolge bewusst. Überlege dir, wofür du dankbar bist und was dich stolz macht. Warum stimmen dich diese Punkte im Hinblick auf deine Zukunft zuversichtlich?

Es geht immer darum, mentale Grenzen zu durchbrechen. Genieße den Weg zum Ziel.

Das erfordert oft ein hohes Maß an Geduld. Doch jeder muss gute und schlechte Erfahrungen sammeln. Selbst der Erfolgreichste auf diesem Planeten befindet sich mal am Boden. Vielleicht trägt auch genau das zum Erfolg bei. Diese Menschen halten sich womöglich gar nicht immer für die Besten. Sie hören nie auf, an sich zu arbeiten.

Wenn ich mir mein Whiteboard im Büro anschaue, bin ich gefühlt der größte Loser der Erde. Zumindest bezogen auf meine Jahres- und Lebensziele.

Ich habe mir unglaublich viel vorgenommen. Vieles davon konnte ich noch nicht umsetzen. Ich schätze aber, dass ich genau aus diesem Grund noch immer deutlich erfolgreicher bin als viele andere.

Besinne dich auf deine Erfolge und sei ein Langstreckenläufer, der jeden kleinen Meilenstein genießt!

Als Verkäufer solltest du vor allem in der Abschlussphase Zuversicht ausstrahlen. Das geht aber nur, wenn du diese Einstellung auch wirklich in dir trägst.

Auch Vorbilder tragen dazu bei, Zuversicht zu entwickeln. Schau dich um, wie andere es machen. Möchtest du genauso sein oder das Gleiche erreichen, dann adaptiere ihre Vorgehens- und Denkweisen auf dein Leben.

Wenn jemand anderes es geschafft hat, wirst auch du es schaffen können. Vielleicht stehst du sogar in Kontakt zu deinen persönlichen Vorbildern. Nutze diese Möglichkeit, dich mit ihnen auszutauschen und von ihnen zu lernen. Auch das kann Zuversicht bringen.

Vermeide es andererseits, dich mit Schwarzsehern zu umgeben. Denn dein Umfeld prägt dich und deine Einstellung enorm.

Du wirst dich nicht weiterentwickeln, wenn du ständig nur mit Kritikern sprichst. Manchmal sind es sogar sehr nahestehende Menschen, die uns bremsen können. Viele von ihnen sprechen oft nur von ihren eigenen Ängsten. Du bist dann lediglich ein Spiegel ihrer eigenen Blockaden.

Hätte ich damals auf meinen eigenen ersten Trainer gehört, wäre ich meinen Weg niemals gegangen. Er sagte mir: „Thomas, ganz ehrlich, ich würde mich an deiner Stelle nicht selbstständig machen. Ich glaube, du bist nicht so der Typ dafür. Du kannst mit Rückschlägen nicht so gut umgehen. Außerdem wirst du als Trainer nicht so viel verdienen wie in der Bank.''

Thomas Sajdak

Heute verdiene ich ein Vielfaches meines damaligen Bankgehalts und bin finanziell frei. Sicher wollte er mir nur einen gut gemeinten Ratschlag geben. Aber er hat versucht, mir genau das Falsche einzurichtern.

Offensichtlich stand er sich mit seinem Mindset selbst im Weg – und damit auch mir. Hätte ich ihm geglaubt, wäre ich niemals da, wo ich heute bin. Gehe Kritikern weitestgehend aus dem Weg. Mache dein eigenes Ding und messe dich ausschließlich mit dir selbst.

Ich gehe beispielsweise sehr gerne laufen. Ich habe jedoch komplett damit aufgehört, mich mit anderen zu vergleichen. Wahrscheinlich zähle ich, wenn überhaupt, maximal zum Durchschnitt. Das interessiert mich aber gar nicht, weil ich einfach wahnsinnig gerne laufe. Ich setze mir meine eigenen Ziele, in meinem eigenen Tempo.

Ich bin zuversichtlich und freue mich, wenn ich wieder ein wenig besser geworden bin und einen Erfolg verzeichnen kann. Aber ich vergleiche mich immer nur mit mir selbst und meiner bisherigen Leistung.

Wenn du dich mit anderen misst, die viel weiter sind als du, besteht die Gefahr der Frustration. Stattdessen solltest du optimistisch bleiben und deine eigenen Grenzen durchbrechen. Alles andere kommt nach und nach.

Genieße den Weg dorthin. Wie ein Marathonläufer. Er denkt nicht: Oh Gott, noch 30 Kilometer. Nein, er liebt jeden Kilometer, lebt seinen Erfolg und ist stolz (na gut, er liebt vielleicht nicht jeden Kilometer, aber viele!).

Du weißt vielleicht noch nicht, was alles in dir steckt, was du kannst und was nicht. An diesem Punkt ist es sicher besser, einige Illusionen aufrechtzuerhalten. Jedenfalls besser als aufzugeben, bevor es überhaupt losgeht.

Stillstand ist keine Option. Nur Handeln bringt dich weiter. Im Zweifel brauchst du eine erste Fantasie, mit der du dich mental auseinandersetzt und die du durchspielst. Hab den Mut (nicht aber den Übermut!), diese Idee umzusetzen.

Sei optimistisch, dass du es schaffst. Und im schlimmsten Fall lernst du eben dazu.

Vorsicht vor Überoptimismus

Menschen, die erfolgreich sind, neigen häufig zum Überoptimismus. Warum ist das gefährlich?

> *Übertriebener Optimismus und Euphorie machen dich blind und bremsen deinen Lernprozess.*

Es ist wichtig, die goldene Mitte zu finden und Prozesse auch bis zum Ende durchzudenken.

Dazu gibt es viele interessante Studien. Unter anderem ein zweistufiges Experiment der Professorin Francesca Gino von der Harvard Business School. Studenten unterschiedlicher

Universitäten nahmen an diesem Experiment teil. Im Mittelpunkt stand ein betriebswirtschaftliches Problem.

Alle Teilnehmer bekamen im Anschluss ein Feedback, ob ihre Entscheidung gut oder schlecht war. Anschließend sollten sie ihr Falschurteil noch einmal reflektieren. Du ahnst wahrscheinlich, was das Ergebnis war.

Jene, die ein gutes Zwischen-Feedback bekommen hatten, strengten sich kaum noch an, ihre Entscheidung kritisch zu durchleuchten beziehungsweise zu überdenken.

In der zweiten Runde scheiterten sie deutlich häufiger als die zuvor weniger erfolgreichen Studenten.

Genau hier liegt das Problem: Wer Erfolg hat, neigt zum Überoptimismus und läuft Gefahr, nicht mehr an sich zu arbeiten. Selbstüberschätzung führt immer dazu, dass du dir weniger Mühe gibst und unaufmerksam wirst.

Du solltest dich niemals auf deinen Lorbeeren ausruhen. Nutze deine Erfolge stattdessen zur Motivation.

Auch die sogenannte Beratungsresistenz schleicht sich immer wieder bei erfolgreichen Menschen ein. Wer sich für einen Sieger hält und meint, schon alles zu können und zu wissen, wird Ratschläge kaum noch annehmen.

Manchmal ist es aber sinnvoll, eine Strategie noch mal näher zu betrachten und einen anderen Weg einzuschlagen. Denn nicht jede vergleichbare Situation ist identisch.

Wer sich zu stark auf vergangene Erfahrungen oder Erfolge fokussiert, verliert die Fähigkeit, sich an neue Gegebenheiten anzupassen.

Der Psychologe Tim Woodman von der Bangor University führte ein Experiment mit 28 Studenten durch. Alle Teilnehmer waren durchschnittlich sportlich aktiv. Die Aufgabe war Seilspringen. Woodman verunsicherte die Teilnehmer, indem er der Hälfte von ihnen ein Seil gab, das angeblich schwerer, steifer und länger war und somit den Schwierigkeitsgrad erhöhte. Dem war aber nicht so.

Woodman wollte lediglich das Selbstvertrauen der Probanden ins Wanken bringen. Nach dem kurzen Test kam er zu folgendem Ergebnis: Die verunsicherten Studenten schnitten mit zehn Hüpfern besser ab als ihre vor Selbstbewusstsein strotzenden Kommilitonen.

Sie waren offenbar der Meinung, den Sieg innezuhaben. Somit strengten sie sich weniger an und waren unaufmerksamer als die Probanden, die mit dem „schwierigeren" Seil zu kämpfen hatten.

Selbstvertrauen, Zuversicht und Optimismus sind wichtig. Aber eben in gesundem Maße. Überoptimismus führt dazu, dass Menschen sich selbst überschätzen und meinen, sie könnten nicht verlieren.

Lass Erfolge und Ergebnisse
nie für sich alleine sprechen.

Dieser Punkt ist für Führungskräfte besonders interessant. Denn natürlich zählen für einen Chef vorwiegend die Ergebnisse.

Ich coachte eine Zeit lang einen Geschäftsführer. Dieser sprach in regelmäßigen Abständen mit seinen Mitarbeitern und ließ sich über ihre bisherigen Vertriebserfolge aufklären. Jeder Vertriebler musste ein Jahresziel erreichen, und zwar eine halbe Million Euro Umsatz, fünf Neukunden und 100 Termine.

Auf die Frage, wie das Geschäftsjahr denn so gelaufen sei, sagte einer der Mitarbeiter: „Ich hatte ein wenig Glück. Aber ich habe die 500.000er-Marke geknackt, sogar sechs A-Kunden an Land gezogen und letztlich 102 Termine durchgeführt." Der Geschäftsführer war begeistert und gratulierte seinem Verkäufer.

Nun kam es zum Gespräch mit einem weiteren Mitarbeiter. Dieser hatte bloß 400.000 Euro Umsatz gemacht, vier neue Kunden akquiriert und 80 Termine absolviert. Daraufhin fragte der Chef: „Wie kommt das denn? Warum hast du dein Jahresziel denn nicht erreicht?"

Es stellte sich heraus, dass dieser Vertriebler aufgrund einer Knieoperation und eines Bandscheibenvorfalls ein halbes Jahr lang gar nicht im Unternehmen war. Das heißt, dieser Mitarbeiter hatte im Vergleich anteilig ein viel besseres Resultat erzielt als sein Kollege.

Gleichzeitig zeigte sich, dass dieser „Glücksfaktor", von dem der erste Vertriebler sprach, bereits im ersten Quartal 90

Prozent des Jahresumsatzes in die Kassen gespült hatte. Da stellt sich doch die Frage, wer hier der Leistungsträger im Team war, oder?

Die Botschaft lautet also: Selbst im Vertrieb, wo eine Leistung anhand von Zahlen gemessen wird, sollten nie nur die Ergebnisse für sich sprechen. Eine Führungskraft muss immer die Hintergründe erfragen, um sich wirklich ein Bild machen zu können.

Lass dich daher nie von einem scheinbar tollen Ergebnis blenden. Als Chef obliegt es dir, in Erfahrung zu bringen, wie es zustande kommt. Führungskräfte neigen instinktiv dazu, lediglich bei schlechten Umsatzzahlen etc. nachzuhaken.

Bei positiven Nachrichten wird viel zu schnell blind gelobt. Die Frage, WIE ein positives Ergebnis zustande kam, ist aber im Grunde viel wichtiger und auch spannender.

Als guter Verkäufer kannst du Folgendes aus diesem Beispiel ableiten: Reflektiere die Hintergründe sowohl deiner positiven als auch deiner negativen Ergebnisse. Die meisten tun es instinktiv nur bei negativen. Unsere eigenen Stärken finden wir so allerdings nicht!

TEIL III:
VERKAUFS-
TECHNIKEN

Bisher hast du die Eigenschaften und Denkweisen kennengelernt, die man braucht, um zum Kundenschwarm zu werden.

Durchschlagende Wirkung erzeugst du jedoch nur durch eine Kombination aus Einstellung und Technik. Im nächsten Schritt gehen wir daher auf die rhetorischen Techniken ein.

Die richtige Einstellung bringt dir nichts, wenn du die Techniken nicht verstehst und beherrschst. Denn in jedem Verkaufsgespräch geht es letztlich auch darum, die menschlichen Vorstellungen und Gefühle zu beeinflussen.

Du verkaufst die Realisierung von Fantasien. Du musst die Emotionen deiner Kunden beeinflussen, ihre Gedanken in eine Richtung lenken, sie schlichtweg überzeugen. Bedienst du dich allerdings der falschen rhetorischen Techniken, wird dein Kunde sich schnell manipuliert fühlen.

Im Grunde funktioniert jede der folgenden Techniken schon für sich. Wirklich gut werden sie allerdings erst durch die richtige Einstellung und ein klares Motiv.

Losgelöst vom Begriff des Verkaufens geht es immer um die Macht deiner Wirkung, die Art und Weise, wie du mit Menschen sprichst und wie du sie zu einer Handlung bewegst.

Wenn du deine Macht als Verkäufer bloß für dich selbst einsetzt – sprich: dich nur auf deinen Bonus und Erfolg fokussierst –, blendest du das Wohl deines Kunden völlig aus. Mit dieser Einstellung wirst du keinen Kundenschwarmeffekt erzeugen.

Als Verkäufer brauchst du die Fähigkeit, die richtigen Informationen in der richtigen Dosis an deinen Kunden weiterzugeben.

Angenommen, ein Universitätsprofessor entwickelt eine Formel zur Heilung von Aids. Dazu braucht er allerdings fünf weitere unabhängige, disziplinäre Ärzte.

Wenn er nicht in der Lage ist, die Formel an die anderen Ärzte weiterzugeben, wird er keinen Erfolg haben. Wissen alleine reicht eben nicht aus. Du musst auch in der Lage sein, diese Informationen an deine Zielgruppe weiterzugeben.

Politiker können die schönsten ethischen Grundsätze verfolgen. Letztendlich müssen sie die Bevölkerung aber von ihrem Wahlprogramm überzeugen.

Vor allem Menschen, die sich für sehr schlau halten, beschäftigen sich nur selten damit, wie sie ihren Output formulieren und wirkungsvoll auf ihre Mitmenschen übertragen können.

In diesem Teil des Buches lernst du die nötigen Werkzeuge kennen. Wenn du sie richtig nutzt, erhöhst du die Wahrscheinlichkeit, deine Kunden zu überzeugen oder zu einer Handlung zu veranlassen.

1. Aktives Zu-, Hin- und Heraushören (und Schweigen)

Grundsätzlich neigen viele Menschen dazu, mehr zu reden als hinzuhören, was der Kunde wirklich sagt. Dabei zählt das Zuhören zu den wichtigsten Fähigkeiten.

> *„Zu reden ist uns ein Bedürfnis,*
> *zuzuhören ist eine Kunst."*
> *– Johann Wolfgang von Goethe*

Das gilt auch im Privatleben. Oft fühlen wir uns in unserem Weltbild angegriffen, nur weil unser Partner etwas anders sieht. Viele Verkäufer versuchen, ihren Kunden die Vorteile des Produkts oder der Dienstleistung aufzuzwingen.

Diese Einstellung behindert die Fähigkeit, richtig zuzuhören und gut zu verkaufen. Wenn du nur daran denkst zu verkaufen, fixierst du dich zu stark darauf, über Produktmerkmale und Eigenschaften zu sprechen.

Dein eigentliches Ziel besteht aber darin, den Kundenschwarmeffekt zu erzeugen und deinen Gesprächspartner abzuholen.

Du musst dich für den Menschen interessieren, ihm mehr zuhören als andere und versuchen, seine unternehmerische Situation zu verstehen.

Daher solltest du zunächst einmal gar nicht viel über dich erzählen. Überprüfe stattdessen, was er macht und was ihn bewegt. Was braucht er und was nicht? Wie funktioniert deine Leistung und wie lässt sie sich auf seine Situation adaptieren? Gib deinem Kunden die Chance auszureden und sauge alle Details auf.

Wie bei einer Orange. Wenn du frischen Orangensaft trinken möchtest, musst du auch erst einmal die Frucht auspressen. Und wenn du effizient bist, bis zum letzten Tropfen, den diese Frucht hergibt.

In meinen Trainings lasse ich immer einen der Teilnehmer den Verkäufer spielen und ihn Fantasieprodukte verkaufen. Die restlichen sind stille Beobachter.

Ich selbst übernehme die Rolle des Kunden. Wir führen also ein typisches Verkaufsgespräch, bei dem der Verkäufer mich zunächst fragt, wie es mir geht. Ich antworte dann: „Ehrlich gesagt habe ich heute viel im Kopf, und aktuell haben wir einige Probleme mit diversen Projekten."

Viele Verkäufer übergehen diesen Punkt jetzt und versuchen schnell auf das Produkt zu sprechen zu kommen, statt erst einmal Anteil an dieser Situation zu nehmen.

Zuhören bedeutet tiefer zu fragen. Zum Beispiel: „Was bewegt Sie denn genau? Was für Projekte sind das?" Was auch

Thomas Sajdak

immer für Informationen jetzt zum Vorschein kommen, mit einigen wirst du arbeiten können, mit anderen vielleicht nicht – du zeigst aufrichtiges Interesse an der Situation deines Kunden. Auch das bedeutet, den Kundenschwarmeffekt stets als Ziel zu behalten.

Letztendlich geht es immer um Folgendes: Je mehr Informationen du über deinen Kunden einholst, umso eher besteht die Chance, ein Thema aufzugreifen, das dich dem Verkaufsabschluss näherbringt.

Es ist eine ganz einfache mathematische Rechnung. Im Sinne der Wahrscheinlichkeit kannst du viel besser einschätzen, warum dein Produkt zu deinem Kunden passt.

Höre daher immer mehr hin und heraus als andere! Information geht immer vor Spekulation. Und das bedeutet, sich Zeit für andere zu nehmen. Die Essenz eines guten Cappuccinos oder frisch gepressten Orangensafts liegt manchmal im entscheidenden letzten Tropfen. Warte auf diesen Tropfen!

Wie wirkt sich die Fähigkeit zuzuhören in der Praxis aus?

Wenn sich das Blatt in der Abschlussphase plötzlich wendet und die Leute abspringen, liegt es fast immer am Informationsmangel. Du hast nicht richtig zugehört.

Du hast vielleicht nicht verstanden, wie die Entscheidungsprozesse tatsächlich sind. Du weißt nicht, was dein Kunde eigentlich wollte und meinte.

Dein Kunde hat irgendeine Vorstellung, die rechtfertigt, dass du ihm gegenübersitzt. Genau diese Vorstellung musst du finden und ihm zeigen, dass du den imaginierten Mehrwert bieten beziehungsweise seine Vision erfüllen kannst.

Übung

Liebe Leserin, lieber Leser, du warst bei einem Kundentermin und konntest ein paar Fragen stellen. Nun sagt dein Kunde: „Schicken Sie mir mal etwas zu."

Was machst du jetzt? Höre auch bei solchen Aussagen noch einmal genauer hin! Habe ich wirklich verstanden, warum er diese Informationen zugeschickt haben möchte?

Ein Kunde kann ganz unterschiedliche Einstellungen und Motive haben, so etwas zu sagen. Vielleicht sieht der Einkaufsprozess vor, dass zunächst fünf Angebote eingeholt werden, bevor das Unternehmen sich für einen Anbieter entscheidet.

Oder aber er möchte den Verkäufer bloß abwimmeln. Wenn du herausfinden willst, ob sein Interesse echt ist, musst du sein Motiv also genauer hinterfragen und zwischen den Zeilen lesen. Du musst besser hin- und heraushören!

Folgende Fragen solltest du dir selbst innerlich immer beantworten können: Warum erwähnt der Kunde diesen und jenen Aspekt jetzt gerade? Was bezweckt er damit?

Guter versus schlechter Zuhörer

Wie gut du zuhören kannst, hängt auch stark mit deiner Einstellung und deinem Persönlichkeitstyp zusammen. Denn so wie du bist, siehst du und hörst du die Welt. Introvertierte Typen sind nicht selten die besseren Zuhörer. Ein extrovertierter, dynamischer Typ hingegen redet selbst gerne.

Gleichzeitig fällt es ihm schwer zuzuhören. Detailorientierte Menschen sind wahre Meister darin, Abschlusspredigten zu vermeiden. Ihnen fällt es leichter, bestimmte Details und Aspekte herauszuhören, die zu einem erfolgreichen Abschluss beitragen. Der dominante Typ baut oft zu viel Druck auf, sodass ihm wichtige Informationen abhandenkommen.

Du als Verkäufer tickst völlig anders als dein Kunde. Hüte dich also vor Pauschalisierungen. Außerdem: Was bei dem einen Kunden funktioniert, ist bei dem anderen noch lange nicht ebenfalls richtig.

Grundsätzlich solltest du immer genau hinhören, was der andere sagt. Gib ihm Zeit, aus sich herauszukommen. Nur so verstehst du das Ziel hinter dem Ziel. Menschen neigen dazu, beispielsweise eine Begründung zu nennen, die gut oder plausibel klingt. In einem Abstand von nur wenigen Sekunden folgt dann oft der wahre Grund.

Reagierst du als Gesprächspartner also zu schnell auf das, was dein Kunde sagt, gehen diese Details verloren.

Ein weiterer Punkt ist falsche Scham. Viele Menschen trauen sich nicht, noch mal nachzufragen, wenn sie etwas nicht richtig verstanden haben. Aus Angst, sie könnten unhöflich oder begriffsstutzig wirken.

Ein guter Zuhörer sagt schlichtweg: „Verzeihung, das habe ich nicht richtig verstanden. Können Sie mir das bitte noch einmal genauer erklären?" Damit signalisierst du, dass dein Interesse und deine Neugier wirklich echt sind. Frage immer nach, egal ob du etwas akustisch oder inhaltlich nicht verstanden hast. Du brauchst diese Informationen.

Viele Verkäufer hören zwar zu, sind währenddessen aber mit sich selbst beschäftigt. Ihre Aufmerksamkeit richtet sich auf die Umgebung, auf ihre eigenen Gedanken oder auf die Gelegenheit, selbst zu Wort zu kommen.

Sie fokussieren sich innerlich zu sehr auf das eigene Produkt statt auf das Gegenüber!

Manche Menschen bemühen sich auch gar nicht herauszufinden, was der Gesprächspartner eigentlich sagen möchte. Gefühlsmäßig bleiben Sie relativ unbeteiligt, vielleicht sogar distanziert und abwartend.

Ein echter Zuhörer versetzt sich komplett in die Lage seines Gesprächspartners. Er schenkt ihm seine hundertprozentige Aufmerksamkeit und achtet nicht nur auf den Inhalt, sondern auch auf Zwischentöne, Gefühle und vieles mehr. Er signalisiert seinem Gegenüber, dass es im Moment nichts Wichtigeres gibt.

Einen schlechten Zuhörer erkennt man außerdem daran, dass er den anderen ständig unterbricht und nur darauf fixiert ist, seine eigenen Gedanken mitzuteilen.

Ihm ist es ein Bedürfnis zu reden. Vielleicht glaubt er zu wissen, was sein Gegenüber sagen möchte, und führt diesen Gedanken fort. Diese Form der Ungeduld ist fatal und unhöflich.

Als Verkäufer brauchst du viel Empathie. Die beste Übungsplattform dafür ist dein Privatleben. Beobachte dich selbst einmal, wenn du mit jemandem diskutierst.

Bist du empathisch bei deinem Lebenspartner oder Bekannten, der gerade ein Problem schildert? Oder empfindest du Aggressionen, weil du denkst: Ist der blöd, das hätte ich ganz anders gemacht, ich habe bereits die entsprechende Idee oder Lösung für ihn.

Gutes Zuhören erfordert Achtsamkeit und ein Bewusstsein für die andere Person. Konrad Adenauer wurde einmal von einem Parteimitglied mit den Worten unterbrochen: „Herr Bundeskanzler, ich weiß genau, was Sie sagen wollen."

Und zwar während Adenauer eigentlich noch überlegte und nach Worten suchte. Darauf antwortete er damals: „Sonderbar, ich weiß im Moment nur, was ich denke. Und ob ich das, was ich denke, auch sagen will, das weiß ich noch nicht."

Hören mit allen Sinnen

Deine Persönlichkeit und deine bisherigen Erfahrungen haben großen Einfluss darauf, was du hörst. Oft bist du schon längst in deiner Wahrnehmung beeinflusst. Vielleicht kennst du es auch aus deinem Privatleben: Ein falsches Wort kann dazu führen, dass du dich ärgerst.

Manchmal liegt es auch an der Sprache des anderen oder daran, wie du ein Wort in deiner Welt bewertest. All das passiert unterbewusst.

Du brauchst also eine enorme Unvoreingenommenheit, um mit den Informationen deines Gesprächspartners zu jonglieren und sie richtig aufzunehmen, bevor du sie überhaupt bewerten kannst.

Es ist ferner entscheidend, mit welchen Emotionen und welcher Betonung etwas gesagt wird. Das gilt für den Sender ebenso wie für den Empfänger.

Vielleicht kennst du das Vier-Ohren-Modell von Schulz von Thun. Es existieren vier Arten, wie wir Dinge hören.

- Zum einen das reine Sach-Ohr, das Informationen aufnimmt.

- Zum anderen besteht immer eine Beziehungsebene in der Kommunikation zwischen Sender und Empfänger. Wie sagt jemand etwas und in welcher Tonlage?

- Darüber hinaus gibt es den Appell: Was soll getan werden?

- Zudem die Selbstaussage: also das, was der Sender von sich selbst preisgibt.

Zuhören bedeutet, nonverbale Signale und Tonlagen wahrzunehmen. Es geht um mehr als nur um das gesprochene Wort. Ein Kopfnicken, ein Hochziehen der Augenbrauen, bestimmte Gesichtsausdrücke oder Schulterzucken: Solche Reaktionen musst du als Verkäufer aufgreifen. Sprich dein Gegenüber direkt darauf an: „Ich habe den Eindruck, Sie sind skeptisch?"

Oder auch gedankliche Unruhe und Nervosität, die sich beispielsweise darin äußern, dass jemand mit dem Kugelschreiber oder der Büroklammer spielt. Du musst zuhören, hinsehen und registrieren. Höre mit allen Sinnen, schau hin und rede erst dann! Wir müssen auch das heraushören können, was nicht gesagt wird!

2. Die rhetorische Anerkennung einer Frage

Die Macht der Frage ist beispiellos. Wer fragt, der führt. Als Verkäufer erkennst du recht schnell, wenn du auf einen mächtigen Gesprächspartner triffst.

Zum Beispiel an Fragen wie: „Warum sollen wir uns für Sie entscheiden? Was, denken Sie, macht sie besser und wie schnell können Sie vorgehen?" Als Verkäufer solltest du mit der rhetorischen Anerkennung gut umgehen können. Sie erfüllt unterschiedliche Funktionen.

Aber was ist das nun genau? Deiner Anerkennung verleihst du zum Beispiel Ausdruck, indem du sagst:

- „Guter Punkt!"

- „Schön, dass Sie das ansprechen."

- „Das ist eine wichtige Frage."

Zum einen bringst du dich mit dem Fragesteller beziehungsweise deinem Kunden auf Augenhöhe.

Zum anderen verschafft dir deine Reaktion Zeit, dir im Hinterkopf eine geeignete Antwort und gegebenenfalls Folge- oder Gegenfrage zu überlegen und den Ball zurückzuspielen.

Thomas Sajdak

Das Charmante daran ist, dass du jede noch so kritisch gemeinte Frage in etwas Positives umwandeln kannst. Ein gutes Gespräch auf Augenhöhe ist immer wie ein angenehmes Ballspiel. Ein Dialog und kein einseitiges Verhör.

Diese Technik lässt sich auch auf das Privatleben übertragen. Es gibt immer zwei Dimensionen, die wir bewältigen müssen: die Sachebene und die Beziehungsebene.

Das größte Problem jeder Kommunikation liegt in der Beziehungsebene. Unsicherheit und Misstrauen spielen dabei eine wesentliche Rolle.

Angenommen, du führst ein Streitgespräch mit deinem Partner und sagst: „Schatz, ich finde es schön, dass du das ansprichst."

Du nimmst damit das Konfliktpotenzial aus dem Gespräch. Denn letztlich geht es nicht immer darum, sein Recht einzufordern und als Gewinner aus der Diskussion hervorzugehen.

Sondern vielmehr um Respekt, Verständnis und Zusammenarbeit. Dieser eine Satz entzieht der Diskussion die Brisanz. Dem anderen die Bestätigung zu geben, die er sich wünscht, verschafft dir Zeit und sorgt für eine bessere Basis.

> *Genauso verhält es sich auch in jedem Verkaufsgespräch.*

Sei dir bewusst: Wenn die Beziehungsebene angeknackst ist, leidet immer die Kommunikation.

Ein Gespräch auf Augenhöhe bringt dich viel weiter als eine knallharte Frage-Antwort-Konstellation. Als Verkäufer musst du dich mit deinem Kunden austauschen und die Rahmenbedingungen klären, sodass am Ende beide Seiten glücklich sind und wissen, was sie erwartet.

Statt dich auf deine Argumente zu fixieren, spielst du eine Frage zurück. Darin besteht der qualitative Unterschied in einer Verhandlung. Durch das Anerkennen der Frage zeigst du deinem Gesprächspartner Anerkennung und Respekt.

Übung

Es gibt sicher ein Thema, über das du und dein Lebenspartner häufig diskutiert. Begebt euch in einen Dialog über dieses schwierige Thema. Folgende Spielregeln gelten für euch beide: Keiner darf die Wörter „aber", „dennoch" und

„trotzdem" benutzen. Und es muss immer eine rhetorische Anerkennung des Arguments oder der Frage des Gesprächspartners erfolgen. Beobachte nun, wie sich diese Spielregeln auf euren Gesprächsverlauf auswirken.

Du wirst feststellen, dass die Diskussion eine ganz neue Qualität bekommt. Alleine durch die Benutzung des Wortes „aber" vermittelst du den Eindruck, du wolltest nur auf dein Recht pochen. Vermeide es!

Stattdessen könntest du sagen: „Ich mache/sehe das so und so. Wie schätzt du das denn so ein?"

Wie sich deine Einstellung auf deine Rhetorik auswirkt

Als guter Rhetoriker solltest du eine Frage immer positiv bewerten. Nur wenn diese Einstellung vorhanden ist, wirkt deine rhetorische Anerkennung auch authentisch. Es reicht aber eben nicht aus, bloß zu sagen: „Gute Frage."

Du musst wirklich zuhören und auf die Frage eingehen. Ansonsten kann dein Gegenüber schnell den Eindruck gewinnen, du wolltest dich bloß einschleimen.

Du benötigst die richtige Einstellung und den inneren Feinschliff. Wir brauchen eine Haltung, die es uns zumindest ermöglicht, Teilaspekten innerlich auch zustimmen zu können. Kannst du das? Kannst du einsehen, dass es immer mindestens eine zweite Perspektive auf etwas geben kann? Dann kannst du auch gut verhandeln!

Was ein guter Flirt mit einem Verkaufsgespräch zu tun hat

Anerkennung ist ein mächtiges Tool. Schon ein einfaches Nicken während eines Gesprächs vermittelt die nötige Bestätigung. Ähnlich wie beim Flirten.

Im Prinzip spiegelt jedes Date das ideale Verkaufsgespräch wider. Beide Gesprächsteilnehmer schenken sich permanent Anerkennung. Sie schauen sich in die Augen, hören einander aufmerksam zu und pflichten dem anderen in praktisch allem bei.

Es handelt sich um ein spannendes psychologisches Phänomen. Zwei Menschen „verkaufen" sich für eine Partnerschaft. Beide wollen einen guten Eindruck hinterlassen und den anderen überzeugen.

Daher schenken sie einander fast durchgehend Anerkennung. Selbst bei Themen, zu denen sie vielleicht in Wirklichkeit anders stehen.

Ein guter Flirt zählt somit zu den erfolgreichsten Verkaufsgesprächen auf unserem Planeten.

3. Offene Fragen stellen

Welche waren die spannendsten Fragen, die man dir jemals in einem Verkaufsgespräch gestellt hat? Gab es Fragen, die dich tiefer haben nachdenken lassen? Welche Fragen wünschst du dir in einem Verkaufsgespräch?

In jeder Verhandlung geht es darum, die Bedürfnisse, Ziele, Wünsche und Probleme deines Kunden herauszufinden. Denn diese Punkte kannst du für deine eigene Argumentation aufgreifen.

Jetzt könntest du beispielsweise wie beim Schiffe Versenken vorgehen und A8, B9, C20 sagen. Sprich: einfach ins Blaue hinein raten und irgendwelche Annahmen treffen. Meistens wirst du aber beim Schiffe Versenken danebenliegen.

Das Ratespiel bringt dich nicht weiter. Stattdessen solltest du offene Fragen stellen und den Kunden kommen lassen.

Ein schlechter Verkäufer nähert sich meistens von den Produktmerkmalen ausgehend. Er redet also direkt über Eigenschaften und Vorteile.

Der gute Verkäufer beginnt mit offenen Fragen. Er hilft dem Kunden dabei, seine Gedanken ganz langsam in Richtung möglicher Merkmale zu lenken.

Dabei verhält er sich so neutral wie möglich und nutzt ausschließlich offene Fragen. Er redet weder über sich noch über knallharte Produktmerkmale.

Stattdessen stellt er den Kunden und dessen Gedanken in den Mittelpunkt. Angenommen, du möchtest eine Mineralwasserflasche verkaufen. Sie besteht aus Plastik und weist eine hohe Lebensdauer auf, der Preis enthält Pfand. Dann könntest du beispielsweise folgende Fragen stellen:

- „Wie interessant ist es für Sie, Wasser lange zu konservieren und auch unterwegs parat zu haben?"

- „Welche Rolle spielt der Magnesiumgehalt im Wasser?"

- „Was zeichnet gutes Wasser für Sie aus? Durch welche Besonderheiten hebt sich ein bestimmtes Produkt von einem anderen ab?"

Lenke deinen Kunden durch Fragen
und nicht durch Argumente.

Daneben gibt es offene Fragen, die du nicht unbedingt zu Beginn eines Gesprächs stellen solltest.

Zum Beispiel: „Wie interessant finden Sie ein fünftägiges Intervalltraining zum Thema Vertrieb bei einem Preis von 3.500 Euro pro Teilnehmer?" Diese Frage ist per definitionem offen, steigert aber mit ihren vielen Spezifikationen die

Wahrscheinlichkeit, dass ein Aspekt davon bereits zu einem Nein führt. Durch diesen negativen Impuls bringst du dich um die Chance, etwas zu verkaufen, denn das Gespräch ist damit vielleicht schon beendet. **Also: step by step.**

Schlauer wäre: „Wie geht es Ihnen hier? Welche Themen in der Personalentwicklung beschäftigen Sie gerade?"

Vielleicht spielen für deinen Kunden die Themen Stress und Zielgruppendefinition eine Rolle. Greife diese Punkte auf und begegne ihm mit einer weiteren offenen Frage: „Wie wichtig ist für Sie dabei das Thema persönliche Wirkung der Teilnehmer?"

Durch die richtigen Fragen kannst du den Fokus des anderen auf einen bestimmten Bereich lenken.

> *„Der Kopf ist rund, damit das Denken die Richtung ändern kann." – Francis Picabia*

Gute Werbung macht nichts anderes, als einen Stimulus von außen zu setzen und auf das Unterbewusstsein einzuwirken. In der Autobranche wird beispielsweise der coole Manager gezeigt, der einen Sportwagen fährt. Die nette Familie, die mit dem Geländewagen einen Ausflug unternimmt.

Oder ein ökologisch orientierter Surfer, der mit einem Bulli die Welt bereist. Es wird ein Idealbild erschaffen, das beim Konsumenten eine bestimmte Reaktion auslösen soll.

Als Verkäufer tust du im Prinzip nichts anderes. Du musst verstehen, welche Motive dein Gegenüber hat, wie er sein will und wie er gesehen werden möchte. Als Stimulus nutzt du keinen Spot oder eine Anzeige, sondern eine offene Frage. Sie entscheidet, in welche Richtung das Gespräch und die Reaktion deines Kunden geht.

Eine Frage ist der größte Impuls, den du einem Menschen geben kannst. Durch eine bloße Aussage wirst du niemanden dazu bewegen, dir auch zu glauben. Viel besser eignen sich Fragen, die deinen Gesprächspartner dazu anregen, selbstständig zu einer Erkenntnis zu gelangen.

Dieser Punkt ist auch im Hinblick auf die geeignete Strategie wichtig. Je genauer du einen Menschen beziehungsweise deine ideale Zielgruppe kennst, umso besser kannst du deine Botschaft adressieren. Jede Frage hilft dir, deinen Idealkunden zu verstehen und auch strategisch feinere Schlüsse zu ziehen.

Sieh es mal so: Verkaufe nicht, sondern finde deinen perfekten Kunden. Und dafür musst du fragen! Erst wenn du verstehst, wofür dein Kunde sich begeistert, kannst du ihm dein Produkt verkaufen.

Wie hat dir das Buch bis hierhin gefallen? Welches Kapitel und welcher Grundgedanke haben dir am meisten zugesagt? Welche Person, die du kennst, würde ebenfalls von diesem Buch profitieren? Wie gefällt dir der Kundenschwarm-Gedanke? Welchen Punkt aus diesem Buch würdest du einem guten Freund gerne mitgeben?

Konntest du auf diese Fragen jeweils eine positive Antwort finden? Falls ja, freue ich mich. Denn es steckt der gleiche Gedanke dahinter. Ich hätte es auch anders schreiben können: Dieser Teil des Buches enthält die wichtigste Botschaft. Trage sie weiter und wähle jemanden aus, dem du das Buch empfehlen möchtest.

Damit hätte ich dir aber bloß eine Anweisung gegeben. Du sollst schließlich Herr deiner Gedanken sein, und das funktioniert nur über Fragen. Mach dir bewusst, dass es sich bei deinem Kunden genauso verhält. Er hört sich lieber selbst denken. Begleite ihn in seinen Gedanken. Unterstütze ihn durch die richtigen offenen Fragen.

Übung

Angenommen, der mittlere, kleine Kreis steht für das Produkt. Jedes Produkt verfügt über gewisse Merkmale und Eigenschaften. Als Verkäufer solltest du dir überlegen, durch welche Merkmale sich dein Produkt besonders auszeichnet.

01. Bitte notiere, was für ein Produkt du hast.

02. Schreibe acht Merkmale auf, die dein Produkt auszeichnen.

03. Leite daraus die Vorteile ab, die sich für deinen Kunden rein hypothetisch aus den Merkmalen ergeben. „Rein hypothetisch" deswegen, weil jeder Kunde andere Vorstellungen und Wünsche hat. Was für den einen wichtig ist, muss für den anderen noch lange keine Rolle spielen.

04. Entwickle schließlich offene Fragen, die genau diese Vorteile thematisieren. Zum Beispiel: „Wie wichtig ist Ihnen dieses Produkt als Marketinginstrument?"

Es gibt ein einfaches Grundprinzip, nach dem man die richtigen, lösungsorientierten Fragen stellt.

Ich nenne es das Pendel. Dabei beziehe ich mich immer auf Vergangenheit, Gegenwart und Zukunft:

- „Was hat Sie bisher hier im Unternehmen erfolgreich gemacht?"

- „Worauf sind Sie stolz, in der Vergangenheit und aktuell?"

- „Was müssen Sie tun, damit es zukünftig so bleibt?"

- „Wie wichtig wird Ihnen dies oder jenes sein?"

Du solltest darauf achten, die Fragen ganz bewusst aus der Vergangenheit immer weiter in die Zukunft zu lenken. Implementiere eine Lösungsorientierung in deine Fragenkataloge. Was war, was ist und was soll zukünftig sein? Erschaffe so ein gutes Schema für jedes Verkaufsgespräch.

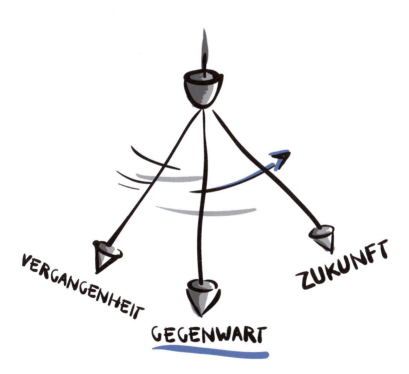

4. Positive Gedanken durch Impulse verstärken

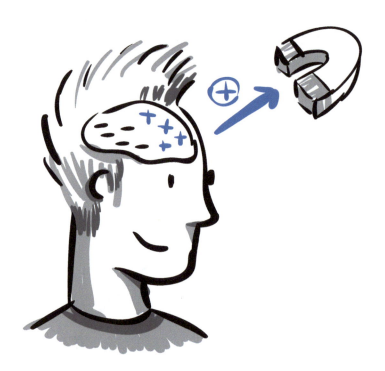

Der Pfeil in der Grafik stellt die Antwort oder einfach nur Gedanken des Kunden dar. Wenn ein Kunde einen Gedanken verbalisiert, greifen viele Verhandlungspartner diesen Punkt gar nicht bewusst auf.

Thomas Sajdak

Einige Verkäufer konzentrieren sich nach dem Satz des Kunden auf einen völlig anderen oder neuen Aspekt im Gespräch. Stattdessen sollten sie jedoch den Punkt, den der Kunde benennt, durch einen weiteren Impuls intensivieren.

Nehmen wir an, du verkaufst Autos und mitten im Gespräch sagt der Kunde zu einem der Produktmerkmale: Also, die Audioanlage gefällt mir. Die Verstärkung ist die Frage: „Was gefällt Ihnen daran so gut?"

Deine Aufgabe besteht darin, aus den Informationen, die der Kunde preisgibt, das Positive herauszuarbeiten und zu verstärken.

Du musst den Gedankenstrang intensivieren, mit dem der Kunde in das Gespräch einsteigt. Dadurch verstärkst du seine eigene Emotion.

Es ist wie in der Werbung. Werbung über viele Kanäle verstärkt immer wieder einen Impuls über Stimuli, der dann im Idealfall zu einer Kaufentscheidung führt. Der Verkäufer kann diesen Impuls durch eine gezielte Verstärkungsfrage erzeugen.

5. Negatives vorerst vorbeizischen lassen

Es ist natürlich völlig normal, dass Kunden nicht nur Positives verbalisieren. Oft bringen Menschen einen positiven und einen negativen Gedanken in einem Atemzug zum Ausdruck.

Hier kann man nun oft ein klassisches Phänomen beobachten und auch hören: Wir Menschen neigen dazu, uns auf das Defizitäre extrem schnell zu fokussieren. Das liegt zum einen an unserer eigenen Vorstellungswelt und zum anderen daran, dass wir generell viel schneller auf Negatives reagieren.

Wir fühlen uns schlimmstenfalls angegriffen und versuchen, den „verbalen Dolch" wieder herauszuziehen.

Versuche daher in solchen Momenten erst recht das Positive zu verstärken. Bleibe konsequent beim Einsatz der Technik unter 4.

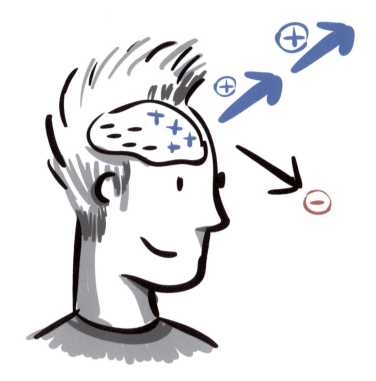

Werbung funktioniert deshalb so gut, weil sie den Menschen immer wieder mit bestimmten Impulsen konfrontiert. Je häufiger du die Werbung einer Marke siehst oder Menschen, die diese Marke nutzen, umso eher prägt sich der Name in dein Gedächtnis ein.

Markenbildung funktioniert nur dadurch, dass immer wieder derselbe Stimulus gesendet wird.

Erwähnt der Kunde einen positiven Aspekt, solltest du diesen hervorheben beziehungsweise den Reiz oder Impuls verstärken. Auf diese Weise intensivierst du eine positive Denkrichtung.

Stell dir vor, ich frage jemanden, wie er das Buch „Kunden-schwarm" findet. Daraufhin sagt er: „Einige Aspekte gefallen mir sehr gut, aber es ist einfach zu viel Text und zu umfang-reich." Die positive Verstärkung in Kombination mit dem Vorerst-vorbeizischen-Lassen lautet also: „Welche Aspekte sind es denn, die dir in dem Buch gefallen?"

Ein Vorteil dieser Techniken ist übrigens: Du hast immer die Wahl. Du hast immer die Wahl, mit welchem Impuls du das Gespräch steuerst. Daher müssen wir das modellhaft betrachten.

Wenn eine negative Äußerung zum Beispiel stärker gewich-tet ist als der positive Aspekt, dann wird es nicht immer funktionieren. Die Frage lautet lediglich: Ist dir jederzeit im Gespräch bewusst, was da gerade passiert und wo du es hin-steuern kannst?

Du hast die Wahl!

Ich verspreche dir allerdings: Wenn du ein Gespräch erst ein-mal ins Negative verstärkst, dann wird es im Verlauf immer schwieriger, es wieder in den positiven Bereich zu bringen. Sei deshalb immer achtsam in deiner Kommunikation, halte kurz inne und wähle deine Reaktion weise aus.

6. Themenwechsel

Kürzlich war ich im Supermarkt. Sicher kennst du die Produktregale, die klassischerweise kurz vor der Kasse platziert werden und besonders Kinder ansprechen sollen.

Ich sah eine gestresste Mutter, die ihren Einkauf fast abgeschlossen hatte und in der Schlange an der Kasse stand. Im Einkaufswagen ihr Kind, das nun auf die bunte Vielfalt von Lutschern und Überraschungseiern aufmerksam wurde und anfing zu quengeln.

Nachgeben wäre pädagogisch sicher unklug gewesen. Das Kind würde schließlich lernen: Wenn es jammert, bekommt es immer alles, was es möchte.

Die Mutter hätte ihrem Kind auch erklären können, warum es den Lutscher nicht haben kann. Das hätte jedoch ebenso wenig geholfen, da sie den Wunsch nach dem Lutscher damit wahrscheinlich bloß verstärkt hätte.

Du kennst das: Manch ein Nein weckt erst recht die Begehrlichkeiten! Das Verbotene macht meistens neugierig.

Was machte diese Mutter also stattdessen? Sie schnappte die Einkaufstüte, schlug diese mit einem kurzen Knall auf und fragte: „Schatz, hilfst du mir beim Einpacken?"

Das Kind antwortete: „Jaaa, Mama." Der Lutscher und das Ü-Ei waren passé. Einfach und genial, oder? Sie lenkte die Aufmerksamkeit des Kindes auf etwas anderes, und das wirkte sofort.

Die gute Nachricht für dich: Das klappt auch bei uns Erwachsenen. Es ergibt keinen Sinn, über Negatives zu diskutieren. In solchen Fällen solltest du versuchen, das Thema zu wechseln beziehungsweise „umzulenken".

In Verkaufsgesprächen kann es vorkommen, dass der Kunde nahezu alles negativ sieht. Die Botschaft lautet:

Wechsle das Thema! Lass dich nicht in negative Diskussionen verwickeln.

Thomas Sajdak

Angenommen, ein Kunde sagt: „Das brauchen wir nicht", oder: „Ein solches Produkt haben wir schon. Ich fühle mich bei dem Dienstleister bestens aufgehoben."

Viele Verkäufer fragen daraufhin bloß nach dem Warum, wodurch auf Kundenseite ein Rechtfertigungsdruck entsteht.

Oder sie bombardieren ihn mit Argumenten, die den Kunden in eine Abwehrhaltung bringen. Folgendes gilt für alle Verkäufer: Bitte hört auf, Menschen überreden zu wollen! Keiner kauft auf diese Weise. Der einzige Weg heraus aus dieser Sackgasse ist ein neuer Impuls.

- „Was könnte ich denn tun, um Sie zu überzeugen?"

- „Was wären denn Faktoren, die Sie davon überzeugen könnten, sich für mich zu entscheiden?"

- „Was müsste ich Ihnen denn anbieten, um Ihr Interesse zu wecken?"

- „Welche Themen haben denn aktuell Bedeutung für Sie?"

Verlasse diese Denkblockade und nutze zukunftsgerichtete Fragen.

Übung

Erstelle eine Liste der zehn schlimmsten Einwände, die du im Verkaufsprozess immer wieder hörst. Zum Beispiel: „Kein Interesse, das habe ich schon/das brauche ich nicht/ich bin bestens versorgt."

Und jetzt entwickle jeweils eine Frage, über die du herausfinden kannst, was deinem Kunden wichtig ist und wie du ihn umstimmen könntest. Hier ein paar Beispiele mit zusätzlichem Einsatz der rhetorischen Anerkennung:

Kundenreaktion	Impuls
Keine Zeit	• Wann haben Sie Zeit? • Wann wollen Sie sich Zeit nehmen?
Wir fühlen uns bestens versorgt	• Das klingt doch super! Wie interessant ist es für Sie, ein neues Produkt zu testen? • Das freut mich. Was müsste ich denn können/tun, damit Sie trotzdem geneigt sind, einmal ein neues Produkt zu testen? • Das klingt sehr gut. Wann sind Sie wieder daran interessiert, sich einen Überblick über Alternativen am Markt zu verschaffen?

Kundenreaktion	Impuls
Brauche ich nicht!	• Was brauchen Sie? • Was ist Ihnen gerade wichtig? • Über welche Sparte können wir dann reden? • Was interessiert Sie? • Worüber können wir reden?
Kann das andere Produkt auch	• Das klingt gut. Soll ich Ihnen weitere Vorteile des Produkts aufzählen? • Was ist Ihnen neben dieser Funktion des Produkts noch wichtig?
Haben wir bisher immer so gemacht	• Was spricht dafür, es zukünftig so und so zu machen? • Wenn Sie wüssten, dass das neue Produkt besser ist, wäre es dann interessant?
Wir haben schon einen Lieferanten	• Was spricht dafür, es zukünftig so und so zu machen? • Wenn Sie wüssten, dass das neue Produkt besser ist, wäre es dann interessant?

Werden die Antworten auf diese Kundenreaktion immer zum erhofften Erfolg führen? Sicher nicht.

Aber noch schlimmer ist es, wenn wir diese Reaktionsmuster nicht zumindest kennen, anwenden und stattdessen mit den Kunden in ein negatives Thema versickern.

Ein guter Verkäufer hält sich zumindest jede Tür offen und signalisiert dem Kunden allein durch seine Reaktionen höchste Professionalität und auch Qualität.

7. Begründen

Angenommen, du sitzt freitagabends nach einem langen Arbeitstag mit einem Bier auf dem Sofa. Draußen regnet es und du hast bereits mit der Woche abgeschlossen, willst dich bloß noch entspannt zurücklehnen und deine Netflix-Serie schauen.

Plötzlich klingelt das Telefon. Instinktiv gehst du ran. Ein Freund oder Nachbar fragt dich, ob du heute in die Stadt fährst. Er stellt eine Frage. Und wir haben ja gelesen, dass Fragen per se ein wichtiges Verkaufsinstrument sind.

Welche Antwort würde er von dir jedoch bekommen? Vermutlich doch erst einmal: „Warum fragst du?", oder ein direktes Nein.

Das liegt schlichtweg an der ungünstigen Ausgangssituation. Verkaufserfolge haben immer auch etwas mit günstigen Situationen und bestehenden Stimmungen auf der Kundenseite zu tun.

Besser wäre es, wenn der Kumpel bereits im Vorhinein eine Begründung für seine Frage nennen würde. Denn so stützt er die Denkrichtung und gibt auch dem Kunden Sicherheit.

Der Freund könnte zum Beispiel sagen: „Ich frage, weil meine Tochter beim Ballett ist und sich mein Auto in der Werkstatt befindet. Ich muss aber irgendwie dort hinkommen."

Oder: „Da findet heute ein cooles Festival statt und ich habe noch Tickets: Das wäre etwas für dich." Mach dir bewusst:

> *Wer fragt, der führt. Aber nur wer gut begründet, der überzeugt auch letztlich.*

Sofern es dir möglich ist, solltest du eine Frage also immer mit einer Begründung kräftigen. Damit schaffst du eine Kausalität und gibst dem anderen eine gewisse Sicherheit.

Jede Frage beeinflusst die Denkrichtung. Du weißt jedoch nicht immer genau, in welche Richtung. Auch dein Kunde will sich mit seiner Antwort sicher fühlen. Er muss das Gefühl haben, dass deine Frage einen plausiblen Grund hat, damit er auch antworten möchte.

Da Fragen so ein mächtiges Instrument sind, lösen sie auch schnell Unsicherheit aus, wenn dem anderen nicht bewusst ist, wohin die Reise geht.

Ich gebe dir ein Beispiel: Kannst du mir bitte eine E-Mail mit deinem Vor- und Nachnamen an info@thomassajdak.de schicken?

Na, was denkst und fühlst du jetzt?

Gerade in Zeiten von Datenschutzskandalen würde man vermutlich denken: Der spinnt jetzt wohl total.

> *Eine Begründung kann für diese*
> *Aktion etwas Sicherheit geben.*

Also: Möchtest du mir deinen Vor- und Nachnamen an info@thomassajdak.de schicken? Ich frage, weil ich jedem Leser meines Buches auf diese Mail hin einen Gutschein über 50 Prozent Rabatt auf eines meiner nächsten Events zusende.

Ist diese Begründung ein Garant dafür, dass mir jetzt jeder Leser oder jede Leserin eine E-Mail schreibt? Natürlich nicht! Aber es erhöht die Wahrscheinlichkeit, dass diejenigen, die sich mit den Inhalten gut identifizieren können, auch Lust haben, an einer meiner Veranstaltungen vergünstigt teilzunehmen.

Aber wenn ich als Leser noch nicht einmal weiß, warum mich der Autor so etwas fragt, dann geht die Wahrscheinlichkeit gegen null. Das ist alles!

Nutze daher stets gute Begründungen. Alle möglichen guten Websites arbeiten letztlich damit. Referenzen, Produktbeispiele, Cases, Testimonials. Alle verfolgen das Ziel, auf der Kundenseite Sicherheit zu erzeugen.

Daher begründe auch möglichst viele deiner Fragen. Insbesondere die, die für dich selbstverständlich sind, aber für den Kunden abstrakt erscheinen könnten.

Beispiel: Ich frage, weil wir festgestellt haben, dass auch andere Kunden aus Ihrer Branche mit dem Produkt xy großen Erfolg hatten.

Das Verrückte an Begründungen ist, dass sie in vielen Bereichen sogar ohne echte Validierung funktionieren. Denke nur an all die Aussagen in Prospekten oder auf Websites: Wissenschaftlich bewiesen! Oder: Studie xy hat bewiesen (ohne Quellenangaben) ...

Aus Kundensicht solltest du daher natürlich viele vermeintliche Begründungen hinterfragen. Aus Marketing- und Verkaufssicht sind sie in jedem Fall eine wirksame Methode, um Sicherheit zu geben.

Und da es hier um den Kundenschwarmeffekt geht und somit um nachhaltigen Erfolg im Verkauf: Sei ehrlich und begründe stets mit korrekten Aussagen und Fakten. Kauf-Reue führt nicht zu Kundenschwarmeffekten!

8. Alternativfragen

Ein Mensch, der nur wenige Optionen hat, neigt dazu, auch nur in diesem kleinen Rahmen zu denken. Bietest du deinem Kunden bewusst zwei Alternativen, wird er wahrscheinlich aus diesen beiden eine auswählen. Genau darin liegt die Macht der Alternativfrage.

Ich erinnere mich noch gut an ein Osterfest mit meiner Familie beziehungsweise der Familie meiner Frau. Wir besuchten deren kleinen Neffen. Jeder kennt diese Situationen am Ende von Familienveranstaltungen, in denen sich alle einen Abschiedskuss vom Kind wünschen.

Jede Tante und jeder Onkel waren also verrückt danach, einen Schmatzer von unserem Neffen zu bekommen. Der Kleine fühlte sich allerdings etwas überfordert oder unter Druck gesetzt. Kurzum: Er wollte keine Küsschen verteilen.

Als Kommunikationsexperte werde ich natürlich gerne im Verwandtenkreis mit entsprechenden Anspielungen aufgezogen. Und so provozierte man mich und sagte: Du bist doch Kommunikationsexperte, mach mal was!

Nun, ich fühlte mich motiviert. Ich redete also mit dem Jungen und fragte, ob er mir lieber einen Kuss auf die linke oder auf die rechte Wange geben wolle. Darauf sagte er: „Auf die linke" – und gab mir einen Kuss.

Das Staunen der Tanten war groß. Was war hier passiert? Der liebe kleine Neffe glaubte, er hätte die Wahl. Doch er hatte sie nicht.

> *Überlege dir immer, was du erreichen willst und welche Alternativfrage dazu führen könnte.*

Du kennst bestimmt den Klassiker aller Alternativfragen, nämlich wenn es um Terminvereinbarungen geht. Die meisten Verkäufer bieten ihren Kunden zwei Termine an.

Zum Beispiel Dienstag oder Donnerstag. Damit wollen sie erreichen, dass er sich für einen Termin entscheidet.

Die Oder-Frage schenkt vermeintliche Entscheidungsfreiheit und ist daher mächtig, aber auch mit Vorsicht zu genießen. Gute Gesprächspartner entlarven derlei rhetorische Instrumente schnell.

Darüber hinaus gibt es die offenen Oder-Fragen. Vielleicht hast auch du schon mal eine Party gegeben, die einfach kein Ende finden wollte. Was machen viele Gastgeber in diesen Fällen, wenn sie ihre Gäste nicht herausschmeißen möchten? Sie fragen irgendwann: „Wolltet ihr noch etwas essen oder ...<Pause>?"

Dabei spielt die kurze Aussprache des Satzanfangs eine wesentliche Rolle. Der offene, zweite Part inklusive Pause

Thomas Sajdak

lässt einen gewissen Interpretationsspielraum und führt schließlich meistens dazu, dass die Leute sich langsam verabschieden. Meistens wollten sie „ohnehin gerade gehen".

Es ist ein Zusammenspiel mehrerer Wirkungselemente. Ohne es direkt zu initiieren, führst du das Ende der Party herbei. Entscheidend ist die richtige Betonung.

Dadurch lenkst du die Aufmerksamkeit massiv auf jenen Aspekt, den du bevorzugst.

Wenn der andere deinen Beeinflussungsfaktor nicht kennt, kannst du ihn damit in eine bestimmte Richtung lenken.

Viele Verkäufer bedienen sich auch der Dreier-Alternativfragen. Ein Immobilienmakler, der ein Haus verkaufen möchte, sagt beispielsweise:

„Es gibt eine Immobilie für 800.000 Euro. Dann hätten wir noch eine für 400.000 Euro im Angebot, hier fehlt aber der Garten. Oder eine Immobilie für 450.000 Euro mit einem Apfelbaum im Garten."

Der Großteil der Kunden entscheidet sich daraufhin für die preislich goldene Mitte. Für solche Fragen brauchst du natürlich immer einen Referenzrahmen.

9. Call-to-Action (Handlungsaufforderung)

Den meisten Menschen fällt es schwer, eine Entscheidung zu treffen. Daher brauchen sie beim Kaufprozess jemanden, der führt und ihnen manchmal einen liebevollen Stups gibt. Ähnlich wie ein Freund, der eine Empfehlung abgibt und den anderen in seinen Überlegungen bestärkt.

> *Dein Kunde braucht eine klare Handlungsaufforderung. Denn nur diese führt zum nächsten Schritt.*

Einige Menschen haben Scheu vor dieser „Verbindlichkeit" in der Sprache. Entscheidend ist immer eine Kombination aller Wirkungsaspekte. Sofern du deinem Kunden ausreichend Informationen gibst, fühlt er sich sicher. Spürst du als Verkäufer seine Unsicherheit, solltest du hinterfragen, woran es liegt, und diese Punkte ausräumen.

Sobald ein Kunde bereit ist, solltest du die Chance ergreifen. Zum Beispiel indem du ihn dazu aufforderst, ein Bonusheft anzufordern, sich ein Produktbeispiel anzusehen oder Ähnliches.

Thomas Sajdak

Es ist der erste Schritt in die Verbindlichkeit mit dem Kunden! Positive Referenzen, Empfehlungen oder Aufforderungen gehören zu den wirkungsvollsten Instrumenten.

Achte bei deiner Handlungsaufforderung aber auf die verbindliche Formulierung. Unsichere Verkäufer sagen häufig: „Vielleicht wollen Sie mal auf die Internetseite gehen und sich das anschauen."

Alleine das Wort vielleicht entzieht der Aufforderung eine enorme Kraft. Ein selbstbewusster Verkäufer, der von seinem Produkt überzeugt ist, sagt stattdessen: „Schauen Sie sich unbedingt unsere Seite an!"

Nur durch innere Zuversicht und positive Emotionen entfaltest du die richtige Wirkung. Denn deine Emotionen schwingen in jeder Kommunikation mit. Wenn du selbst hinter einer Sache stehst und die richtige Einstellung mitbringst, kannst du auch andere überzeugen.

Don'ts:

- „Doch, ich finde schon, dass Sie es machen sollten."

- „Überlegen Sie sich mal, ob das für Sie interessant sein könnte."

- „Vielleicht können wir uns dann noch einmal treffen."

- „Sie können es ja gegebenenfalls mal testen."

- „Wir kommen dann sicherlich noch irgendwann mal wieder zusammen."

Dos:

- „Das Produkt funktioniert hundertprozentig. Wir werden damit die gewünschte Lösung herbeiführen!"

- „Ich verspreche Ihnen, dass Sie genau die richtige Entscheidung treffen."

- „Dann lassen Sie uns mal in den Kalender schauen."

- „Dann machen wir das jetzt." (Handlung positiv unterstreichen!)

- „Damit treffen Sie eine gute Entscheidung."

- „Besuchen Sie unsere Website!"

- „Dann rufe ich Sie am xx.xx.xx um xx:xx Uhr an!"

Zeig deinem Kunden, dass du zu deinem Produkt stehst. Durch deine Wortwahl und deine innere Überzeugung. Dein Kunde empfängt jede deiner Emotionen: Angst, Unruhe, Hoffnung, Zuversicht, Überzeugung.

Deine innere Einstellung spielt die wichtigste Rolle. Du musst es also wirklich so meinen. Vergiss nie: Du kannst den gleichen Satz in unendlich vielen Stimmungen rüberbringen, und genau das ist Wirkung.

10. Jas sammeln

Mach dir eines bewusst: Alles, was du als Verkäufer machst, ist grundsätzlich erst einmal unverbindlich. Erst an einem bestimmten Punkt folgt die Handlungsaufforderung zum Abschluss.

Ob es die Vertragsunterzeichnung ist oder der letzte Klick auf einer Internetseite, mit dem du die Kreditkartenabbuchung bestätigst: Erst hier wird es richtig spannend.

Entscheidungen zu treffen ist für Menschen gar nicht so leicht. Denke an das Ja zur Ehe. Da bekommen viele kalte Füße. Und so ist es auch mit dem Ja im Vertrieb. Erst in dem Moment, in dem der Kunde sich zum Kauf entscheidet, spürt er dieses besondere Kribbeln.

Wenn wir zum Beispiel eine Investition von 10.000 Euro tätigen, sind wir selbstverständlich aufgeregt. Diese Preisgrenze variiert sicherlich, aber das Gefühl kennt jeder.

In einer finalen Entscheidungsphase merken wir wieder, welche Rolle Sicherheit für uns spielt. Habe ich das richtige Produkt gewählt? Was ist, wenn ich eine Fehlentscheidung treffe? Gibt es da noch einen Haken?

So ähnlich ging es mir, als ich mir vor einem Jahr meinen Hochzeitsanzug gekauft habe. Schließlich ging es nicht um die Wahl eines Abendessens in einem Restaurant, sondern um etwas absolut Einzigartiges und Besonderes. Eine Entscheidung, die man nicht jeden Tag trifft. Hinzu kam der Preis. Wie oft gibt man schon 3.000 bis 5.000 Euro an einem Tag für Textilien aus?!

Ich stand also in diesem Ladengeschäft eines luxuriösen Herrenausstatters in Berlin und konnte mich nicht entscheiden. Um mich herum fünf Mitarbeiter, die es einfach nicht schafften, mir ein sicheres Gefühl zu geben.

Mir wurden zu wenige Fragen gestellt, mein Sohn und mein Trauzeuge wurden nicht gut behandelt und meine Vorstellungen einer exklusiven Kaufatmosphäre wurden leider überhaupt nicht erfüllt. Ich hatte das Gefühl, man wollte mir unbedingt eines von zwei Modellen unterjubeln.

Am Ende ging ich in einen anderen Laden. Der Verkäufer stellte ganz andere Fragen und verstand direkt, was ich wollte. Er beriet mich wirklich gut. Ich spürte, dass ihm meine Zufriedenheit wichtig war.

Da wurde alles vermessen und jede Farbe abgestimmt. Mein Sohn und mein Trauzeuge wurden zudem bestens versorgt mit Getränken.

Zwischendurch sammelte er immer wieder Jas: „Habe ich das richtig verstanden, Sie wollen dies und das ...?"

Ich erinnere mich noch gut, ganz am Ende sagte er einfach: „Machen Sie es. Dieser Anzug ist einfach Ihrer." Und genau das tat ich, ich kaufte den Anzug.

Die Commitment-Checkliste

Offene Fragen leiten die Informationsflut des menschlichen Geistes ein. Als Verkäufer merkst du bereits unterschwellig, in welche Richtung dein Kunde tendiert, was ihm gefällt und was weniger.

Durch geschlossene Fragen provozierst du hingegen lediglich ein Ja oder Nein. Sie bieten kaum Alternativen und Spielräume.

Beginne also immer mit offenen Fragen und grenze die Informationen durch Oder-Fragen ein. In der finalen Phase geht es vor allem darum, den Output des Kunden noch einmal kurz zusammenzufassen und zu prüfen, ob du alles richtig verstanden hast.

Geschlossene Fragen musst du so geschickt platzieren, dass sie zu einem Ja führen. Im Prinzip verkauft der Kunde sich das Produkt im letzten Schritt selber.

Sprich: Am Ende versenkst du die zuvor erhaltenen Informationen mit ganz vielen Jas.

Im Grunde schüttest du alle Informationen aus und malst das Bild im Kopf des Kunden zu Ende. Wenn du alles richtig gemacht hast, wird die Antwort immer Ja lauten.

Ich vergleiche diese letzte Phase im Verkauf gerne mit der Ehe. Zwei Menschen lernen sich kennen und müssen irgendwann eine finale Entscheidung treffen. Ist diese Partnerschaft die richtige für sie?

„Willst du mich heiraten?" – „Ja" oder „Nein".

Wenn die innerlichen Jas zu allen oder den meisten Aspekten einer Beziehung überwiegen, dann wird es eben auch das generelle Ja! Also, geh raus und sammle Jas!

11. Das ideale
Wort rauspicken

Welches Wort kommt dir zuerst in den Sinn, wenn du an den Begriff „Buch" denkst? Vielleicht „Schreiben", „Papier" oder „Buchstabe". Unser wundervolles Gehirn besteht aus vielen komplexen neuronalen Verknüpfungen.

Wenn du einen Satz hörst, nimmt dein Gehirn ganz automatisch eine Bewertung jedes einzelnen Wortes vor. Ohne dass du es gewissermaßen merkst, entsteht eine Bilanz aus allen möglichen Assoziationen, Gefühlen, Erinnerungen, und am Ende verstehen wir gewissermaßen immer etwas, das mit uns zu tun hat.

> *Du siehst die Welt nicht, wie sie ist,*
> *du siehst die Welt, wie du bist!*

Angenommen, einer meiner Leser sagt: „Nicht alle Gedanken in dem Buch halte ich für wertvoll." Nun hast du als Verkäufer theoretisch die Wahl, auf jedes einzelne der Wörter in diesem Satz zu reagieren.

Du könntest zum Beispiel fragen: „Welche Gedanken halten Sie denn für wertvoll?" Oder du beziehst dich auf das Subjekt,

„ich": Wie könnten die Gedanken in dem Buch andere unterstützen? Oder du stellst auf das Urteil „wertvoll" ab: Was macht einen Gedanken für den Leser wertvoll?

Diese Technik ist insofern nicht leicht, als wir selbst gerne auf Wörter reagieren, die etwas mit uns zu tun haben. Die Kunst lautet: selbst unvoreingenommen zu bleiben. Dann kannst du auf die Aussage deines Gegenübers auf sehr unterschiedliche Weise reagieren.

Wenn wir kommunizieren, finden diese Bewertungen unterbewusst die ganze Zeit statt. Daher verlaufen manche Gespräche auch in eine völlig kuriose Richtung.

Entscheidend ist also, auf das richtige Wort zu reagieren. Du hörst einen Satz und pickst das richtige Wort heraus. Dann formulierst du eine Gegenfrage und lenkst die Denkrichtung deines Kunden auf etwas anderes.

Der Mensch ist schon längst trainiert. Nur leider falsch herum. Er ist ein Meister darin, auf die falschen Worte zu reagieren.

Das Schlimme daran ist, dass der andere es häufig gar nicht so meint, wie wir es verstehen beziehungsweise bewerten.

Das ist der Grund, warum manchmal ein harmlos und positiv begonnenes Gespräch in einer Beziehung völlig negativ abdriften kann.

Streng genommen brauchst du einen emotional neutralen Zustand. Sobald du ein Wort auf dich persönlich beziehst, wird dein Denken beeinflusst und du begibst dich womöglich in eine Abwehrhaltung. Sei offen. Lausche dem, was dein Kunde sagt. Versuche seine Emotionen herauszuhören und dich nicht von deinen blenden zu lassen.

12. Die Rose des Kunden

„Die Rose des Kunden" ist eher eine Technik für das schriftliche Angebot an den Kunden. Stell dir folgende Geschichte vor: Ein junges Ehepaar zieht in sein frisch finanziertes Eigenheim. Zum Einzug packen alle an, Freunde und Familie. Die besten Freunde des jungvermählten Paares schenken den beiden zum Einzugstag eine Kletterrose.

Es ist ein emotionaler und schöner Tag mit allen Menschen, die den beiden wichtig sind. Nun schreiben wir 25 Jahre später. Sie sind immer noch glücklich verheiratet und haben mittlerweile zwei Kinder, die gerade ausgezogen sind.

Die Kletterrose ragt mittlerweile im Sommer in einer Blütenpracht über eine Hausseite. Man entscheidet sich für einen Zweitwagen und realisiert den langjährigen Wunsch, eine Garage zu errichten.

Die beiden googeln nach Garagenbauern. In den Folgetagen besuchen zahlreiche Anbieter das Ehepaar. Sie hören zu und stellen den beiden gute Fragen.

„Wie wichtig ist Ihnen eine automatische Torsteuerung?" „Holz oder Metall?" Etc. In jedem Gespräch erwähnt die Frau des Hauses, wie wichtig es den beiden ist, dass die Kletterrose beim Garagenbau erhalten bleibt. Am Ende aller Gespräche steht die Aufforderung: „Schicken Sie uns doch mal etwas zu!"

In den Folgetagen gehen auch einige Angebote für Garagen bei den beiden ein. Was denkst du: Nach welchen Kriterien werden diese Angebote zu Hause geordnet sein?

Sicher wird der Preis ein Kriterium bilden. Es gibt aber noch eines: Ein Angebot sticht hervor. Hier steht bereits im Betreff ein spezieller Satz. Er lautet: „Wir sichern Ihnen zu, dass Ihre Rose beim Garagenbau genau so erhalten bleibt, wie sie ist."

Kannst du dir vorstellen, dass dieses Angebot auch berücksichtigt wird?

Genau das ist „die Rose des Kunden".

Wenn ein Kunde sagt: „Schicken Sie mir etwas zu!", solltest du dir sofort die Frage stellen, ob du „die Rose des Kunden" schon identifiziert hast. Es ist der wichtigste Aspekt, der den Bedarf des anderen ausmacht.

Und nicht nur das: Auch die Sprache im Angebot entscheidet. Achte einmal im Verkaufsgespräch auf Lieblingswörter des Kunden. Was erwähnt er öfter? Welche Wörter benutzt er?

Diese Wörter, dieses Vokabular solltest du auch im Angebot verwenden. Denn der Kunde wird jenes vorziehen, in dem er sich am meisten wiederfindet.

Finde „die Rose des Kunden"!

Thomas Sajdak

Fazit: Mindset schlägt Technik!

Ich habe auch im letzten Part wieder von Unvoreingenommenheit und damit von einer Haltung oder Einstellung gesprochen. Und das ist geradezu das Wichtigste!

Nur Techniken alleine helfen dir nicht. Du brauchst das richtige Mindset. Denn deine Einstellung schlägt jede Technik. Der Kundenschwarm-Gedanke ist stärker als das bloße Ziel des Abschlusses.

Wenn du weißt, dass du mit deinem Produkt oder deiner Dienstleistung einen echten Mehrwert bietest, überträgt sich dieser Gedanke auch auf deinen Kunden. Die Kombination aus rhetorischen Techniken und der richtigen Grundhaltung funktioniert immer.

Ein schlechter Verkäufer übt Druck aus.
Ein Top-Verkäufer löst einen Sog aus.

Fragen stellen ist wichtig. Im Gegenzug benötigt ein Verkaufsgespräch aber auch eine Aufforderung.

Bewege dich nicht in Schwarz-Weiß-Bereichen. Je nach Kontext und Wirkungen kann auch etwas ganz anderes gefragt sein. Manchmal überzeugst du durch eine Frage und manchmal durch eine selbstbewusste Aussage. In anderen Fällen braucht der Kunde eine Empfehlung beziehungsweise die Zuversicht, dass er die richtige Entscheidung trifft.

Als Verkäufer musst du daher eine gewisse Sensibilität und Flexibilität für die Situationen entwickeln. Ein Kampfkunst-Meister bedient sich aller Techniken. Denn erst das Zusammenspiel aller Abläufe macht ihn zum Meister.

Das bedeutet auch, dass es sehr viele gute Ratschläge in Büchern und von anderen Trainern da draußen gibt. Alle haben je nach Kontext mit bestimmten Behauptungen und Tipps recht.

Die Kunst liegt darin, die richtigen Techniken in der richtigen Situation richtig zu kombinieren. Und das geht nur über Training und Reflexion.

TEIL IV:
STRATEGIE – WIE DU ERFOLG REPRODUZIERST

B isher ging es in diesem Buch um deine Einstellung, deine Technik und deine Wirkung als Verkäufer. Sprich: um Einzeltaktiken. Die Strategie bildet das große Ganze.

Wie gehst du letztendlich vor und welche Aktionen planst du zu welchem Zeitpunkt? Wie kannst du deinen Erfolg langfristig reproduzieren?

Reproduktion ist nur durch eine hohe Bewusstseinsschärfe möglich. Du erreichst keine Effizienz, wenn dir nicht bewusst ist, welche Vorgehensweisen du künftig wiederholen solltest und welche lieber nicht.

Beim Erfolg geht es immer um den Umgang mit dir selbst und anderen. Eine wichtige Dimension bilden sämtliche Informationen, die dein Kunde preisgibt. Diese herauszukitzeln und richtig zu strukturieren, gehört ebenfalls zur Strategie.

Die menschliche Wahrnehmung neigt dazu, Informationen zu reduzieren und zu schnell zu bewerten. Viele Aspekte unseres Handelns sind letztlich jedoch komplex. Und um die Komplexität zu beherrschen oder es zumindest zu versuchen, musst du die Übersicht behalten.

Strategie beginnt immer mit der richtigen Vorbereitung.

Angenommen, du möchtest eine Million Euro Umsatz generieren: Dann solltest du dir aufschreiben, wie viele Kunden du brauchst, um dieses Ziel zu erreichen. Beispielsweise indem du es an einem Whiteboard visualisierst. Nur so behältst du dein Ziel vor Augen.

Es ist ein wenig wie bei der Technik, positive Gedanken zu stärken. Jede Visualisierung in deinem Büro ist auch ein Impuls, der deine eigene Wahrnehmung auf das wesentliche Ziel gerichtet sein lässt. Lass dich daher nicht ablenken.

Erstelle dir einen Schlachtplan. Wen oder was brauchst du zur Umsetzung deiner Ziele? Welche Kunden und wie viel Umsatz sind nötig? Wer sind deine Wettbewerber? Wie sieht der Markt aus?

Es ist unerlässlich, dass du dir deiner Zielgruppe bewusst wirst. Wenn du permanent nur einen bestimmten Kundenkreis ansprichst und dein gesamtes Marketing darauf ausrichtest, sollte es sich schon um die richtige Zielgruppe handeln. Andernfalls investierst du bloß (erfolglos) viel Zeit und Geld.

Deine Angebote können noch so bombastisch sein, dein Produktdesign und deine Prozesse noch so perfekt: Die Zielgruppe muss stimmen. Nur so wirst du am Markt erfolgreich und strategisch agieren können.

Strategie-Faktor 1:
Für welchen Kunden schwärmst du selbst?

Dein „Schwarmkunde" braucht nicht nur etwas, das du hast!
Dein „Schwarmkunde" hat auch etwas, das du brauchst.

Lasse deine bisherigen Projekte bitte einmal Revue passieren.

- Welche Abschlüsse und welche Kooperationen haben
  dich wirklich glücklich gemacht?

- Bei welchen Kunden konntest du einen guten Preis erzielen? Was zeichnet deinen idealen Kunden wirklich aus?

- Du musst deine Fähigkeiten, dein Wissen und dein Netzwerk kennen. Passt dein „Schwarmkunde" dazu?

Je genauer du deinen „Schwarmkunden" definieren kannst, desto besser kannst du ihn auch finden!

Für die Recherche eignen sich zum Beispiel Plattformen wie Facebook und Xing oder andere Online-Datenbanken.

Eventuell ergibt es sogar Sinn, Daten/Adressen von Ansprechpartnern zu kaufen.

Wenn du im richtigen Markt unterwegs bist, profitierst du von einer deutlich höheren Trefferquote und einem viel effektiveren Zeitmanagement.

Strategisch unterwegs zu sein bedeutet immer die richtigen Dinge zu tun, und das bedeutet effektiver zu sein!

Schau dir deine Kunden bitte einmal genauer an. Überlege dir kurz, wer zu deinen Lieblingskunden zählt und warum. Was haben diese Menschen gemeinsam?

Übung

Stelle Kriterien zusammen, die einen idealen Auftrag oder perfekten Kunden ausmachen. Zum Beispiel:

- Mitarbeiterzahlen des Kunden

- Marktposition

- Größe

- geografische Lage

- Ziele, die dein Kunde verfolgt.

Gratulation. Wie und wo findest du diese Kunden genau?

„Ziele" auf die richtigen Kunden und nicht auf alle. Wer versucht, allen gerecht zu werden, bekommt am Ende nichts.

Strategie-Faktor 2:
Verkaufstrichter

- Wie viele Neukunden bahnen sich gerade an?

- Wie viele Angebote stehen aktuell aus?

- Was schätzt du, wie viele werden zum Abschluss führen?

Erstelle bitte eine schriftliche Übersicht.

Hieraus ergibt sich die Eintrittswahrscheinlichkeit deines Vertriebserfolgs – der sogenannte Verkaufstrichter.

Viele Unternehmen verzeichnen in einem Jahr deutlich höhere Erfolge als im darauffolgenden. An einem bestimmten Punkt haben sie versäumt, Neukunden-Akquise zu betreiben oder zu forcieren.

Verkaufserfolg ist nichts anderes als Mathematik. Je mehr Kunden du durch Kontakte oder ein gutes Marketing anziehst, also deinem Verkaufstrichter zuführst, umso mehr kommt aus diesem heraus.

Betrachte diesen Trichter noch einmal genau und überlege dir, in welcher dieser Phasen du am stärksten bist. Als Verkäufer musst du zudem immer das Ausfallrisiko miteinbeziehen.

Manche Unternehmer haben beispielsweise einen großen Kunden an der Hand, der sie 250 Tage im Jahr auslastet. Was passiert jedoch, wenn dieser Kunde plötzlich wegbricht?

Vielleicht erscheint es dir sinnvoller, stattdessen 30 kleinere Projekte anzunehmen. So reduzierst du dein Ausfallrisiko.

> *Deine Kundenwahl muss immer zu deinem Geschäftsmodell passen.*

Verschaffe dir also auch hier Übersicht:

- Wie viele Neukontakte hast du aktuell?

- Wie viele Termine waren erfolgreich?

- Wie viele Angebote mit welchen Angebotsvolumen sind verschickt?

- Welches Potenzial aus diesen Angeboten siehst du?

- Wie viel Abschlüsse hast du schon?

Nur so eine Übersicht kann dir helfen, Zielabweichungen frühzeitig zu identifizieren und gegenzusteuern.

Wenn du hingegen nicht einmal die Übersicht darüber hast, dann bleibt Vertriebserfolg Glückssache und nicht das Ergebnis bewusst reproduzierter Vorgehensweisen.

Glücklicherweise arbeiten viele Unternehmen bereits mit ausgereiften CRM-Systemen, die diesen Trichter integriert haben. Sie erleichtern dir die Arbeit und verschaffen dir eine gute Übersicht.

Strategie-Faktor 3:
Analyse des Verkaufsprojekts

Liebe Leserin, lieber Leser, beantworte bitte die folgenden Fragen. Beziehe sie gerne auf ein aktuelles Verkaufsprojekt.

Frage	Antwort		
01. Entspricht der Kunde meiner eigenen Idealvorstellung?	☐ ja	☐ teilweise	☐ nein
02. Passt er zu meiner/unserer persönlichen Positionierung?	☐ ja	☐ teilweise	☐ nein
03. Kenne ich das konkrete Ziel des Kunden?	☐ ja	☐ teilweise	☐ nein
04. Kenne ich das Budget des Kunden?	☐ ja	☐ teilweise	☐ nein
05. Passt das Budget des Kunden zu meinem Angebot?	☐ ja	☐ teilweise	☐ nein
06. Verstehe ich die Kundenbedürfnisse?	☐ ja	☐ teilweise	☐ nein
07. Passt mein Ziel zu seinen Bedürfnissen?	☐ ja	☐ teilweise	☐ nein

Thomas Sajdak

Frage	Antwort		
08. Entspricht die geforderte Leistung meiner Kernkompetenz?	☐ ja	☐ teilweise	☐ nein
09. Habe ich alle Kaufbeeinflusser genau identifiziert?	☐ ja	☐ teilweise	☐ nein
10. Kenne ich all meine Stärken? Kenne ich aber auch die Schwächen? Oder gegebenenfalls die Stärken des Wettbewerbers?	☐ ja	☐ teilweise	☐ nein
11. Ist der Handlungsbedarf beziehungsweise der Schmerzpunkt des Kunden bekannt?	☐ ja	☐ teilweise	☐ nein
12. Habe ich konkrete Maßnahmen beschlossen und eingeleitet?	☐ ja	☐ teilweise	☐ nein

Welche Erkenntnisse konntest du gewinnen und welche Maßnahmen wirst du nun bei welchem Projekt ergreifen?

Strategie-Faktor 4: Kaufbeeinflusser/Entscheider

Jeder Kaufvorgang wird von unterschiedlichen Beeinflussern beziehungsweise Entscheidern bestimmt. Die für den Verkauf relevanten Menschen übernehmen im

Kaufentscheidungsprozess jeweils eine bestimmte Rolle. Um die Erfolgswahrscheinlichkeit zu erhöhen, musst du diese Entscheider, ihre Rolle und ihre Einflussnahme auf den Kaufvorgang identifizieren und verstehen. Anschließend definierst du die entsprechende Vorgehensweise, um den Prozess zu strukturieren.

Im Kaufprozess existieren folgende Typen:

01. **Der König:** Er kann einem Projekt zustimmen oder es über die Köpfe anderer hinweg komplett zu Fall bringen. Er ist somit die mächtigste Person im Kaufprozess. Wobei diese Rolle nicht in jedem Business existiert.

02. **Der Türwächter:** Er verfügt über eine Art Vetorecht und übernimmt die vollständige Kontrolle über den Einkauf. Er behält das Budget und sämtliche Prozesse im Blick.

Dadurch, dass er in alle Abläufe eingebunden ist, hat er die Chance, „dazwischenzufunken".

03. **Der Leistungsnehmer:** der Nutzer deines Produkts.

04. **Der Kundenschwarm:** Dieser Mensch kennt dich und
deine Leistungen bereits und möchte, dass du erfolgreich bist.

Manchmal bestehen auch Überschneidungen zwischen diesen vier Typen.

Der Kundenschwarm kann durchaus gleichzeitig der Türwächter sein. Vielleicht kannte er dich schon, bevor er diese
Rolle im Unternehmen eingenommen hat. Damit wird er vermutlich zum Entscheider im Kaufprozess.

- Kennst du diese Typen in deinem aktuellen
  Verkaufsprozess?

- Weißt du, wer der Hauptentscheider ist? Wie stehen
  die einzelnen Typen zur Ist-Situation?

- Wie hoch ist die echte Einflussnahme des Entscheiders und welche Rolle hat er?

Mit dem König steht und fällt alles. Er kann Investitionen veranlassen und neue Budgets ins Leben rufen. Oft hört man: „Hierfür haben wir leider kein Budget", und plötzlich entscheidet jemand im Unternehmen, dass für diese Investition doch Gelder freigegeben werden.

Dieser Hauptentscheider hat immer die Ergebnisse und Ziele des Unternehmens im Kopf. Er schätzt ein, ob das Investment zum Erfolg beiträgt und somit den Einsatz finanzieller Mittel rechtfertigt.

Der Leistungsnehmer beurteilt die messbaren, quantifizierbaren Eigenschaften des Produkts im Hinblick auf die betrieblichen Prozesse.

Für ihn (und sein Team) spielt weniger der Return on Investment (ROI) eine Rolle, sondern vielmehr die Anwendung in der Praxis. Ein IT-Leiter fragt beispielsweise danach, wie das Produkt seine Arbeitsabläufe verbessern kann.

Der Leistungsnehmer gibt meistens eine Empfehlung ab und kann damit ein Nein beim König herbeiführen. Möglicherweise blockiert er dadurch den Zugang zu anderen Beeinflussern und bringt den Kaufprozess von innen zu Fall.

Der Kundenschwarm stellt mindestens einen Kontakt pro Kaufvorgang dar. Er muss immer wieder individuell aufgebaut oder gepflegt werden. Er unterstützt den Verkäufer, indem er ihm wichtige Informationen gibt und den Kontakt zu anderen Kaufbeeinflussern erleichtert. Er ist sozusagen ein „Brückenbauer", der bei allen Beteiligten hohe Glaubwürdigkeit genießt. Den Kundenschwarm findest du in jeder Organisation.

Entweder in deinem eigenen Unternehmen oder in dem des Käufers. Er kann auch eine außenstehende Person sein. Zum Beispiel ein ehemaliger Kunde, der dich und dein Produkt empfiehlt.

Bedenke: Die Einflussnahme des scheinbaren Königs kann in Wirklichkeit viel geringer sein als von außen ersichtlich.

Zum Beispiel wenn er die Entscheidung dem Personalchef überträgt, weil dieser tiefer in der Materie steckt.

Du musst herausfinden, welche tatsächliche Einflussnahme die jeweiligen Entscheider haben (sehr groß, mittel oder eher klein).

Die Einstellung der 4 Typen zur Ist-Situation:

Strategisch wird zwischen vier Zuständen differenziert.

1. Der leidende Zustand:
Dieser Zustand des Kunden stellt für dich als Verkäufer den Idealfall dar. Der Kunde hat das Problem bereits richtig erkannt und sucht nach einer schnellen Lösung. Die Wahrscheinlichkeit für eine Kaufentscheidung ist logischerweise sehr hoch.

2. Der aufgeschlossene Zustand:
Der Kunde hat das Problem zwar erkannt, hält es jedoch noch nicht für essenziell. Er will das Problem „schon mal angehen", aber eher gelegentlich. Die Wahrscheinlichkeit für eine mittel- bis langfristige Kaufentscheidung ist durchaus gegeben, wenn auch nicht akut.

3. Der zufriedene Zustand:
Dieser Zustand ist für dich als Verkäufer schon etwas schwieriger zu handhaben. Im Grunde gibt es kein Problem. Der Kunde fragt sich also, warum er etwas unternehmen sollte. Es besteht eine eher geringe Wahrscheinlichkeit, dass er eine Kaufentscheidung treffen wird.

4. Der begeisterte Zustand:
Hierbei handelt es sich sozusagen um den Worst Case. Der Kunde hält seinen aktuellen Zustand für den besten überhaupt. Warum sollte er etwas ändern?

Angenommen, du führst bei einem solchen Kunden eine Kaltakquise durch, dann kriegst du vermutlich bloß eine Antwort: „Das brauche ich nicht. Ich bin begeistert von meinem jetzigen Produkt." Die Wahrscheinlichkeit, ihn zum Kauf zu bewegen, liegt bei nahezu null.

Übung: Wer sind die „Kaufbeeinflusser"?

Schreibe nun auf, in welcher Situation sich deine Kunden befinden und wie sie wohl zu deinem Produkt stehen. Leiden sie? Sind sie aufgeschlossen oder eher nicht?

Erstelle eine Übersicht über alle an einem konkreten Verkaufsvorhaben beteiligten Kaufbeeinflusser.

1. Spalte: Name der Person

2. Spalte: Rolle

- K = König

- L = Leistungsnehmer

- T = Türwächter

- K2 = Kundenschwarm

3. Spalte: Einstellung zu Ist-Situation

- B = Begeisterung

- Z = Zufriedenheit

- A = Aufgeschlossenheit

- L = Leidensdruck

3. Spalte: Persönliche Motivation

- Emotionen

- Vernunft

- Persönliches

Thomas Sajdak

- Wirtschaftlichkeit?

4. Spalte: Einstellung zu mir

- ++ = überzeugt

- + = positiv

- o = neutral

- - = negativ

- -- = feindlich

5. Spalte: Tatsächliche Einflussnahme

- A = sehr groß

- B = mittelgroß

- C = gering

6. Spalte: Kontakt

- Wie gut kenne ich ihn?

- Wann war mit ihm das letzte Gespräch?

Wichtig: „Fragezeichen" bei allen Ungewissheiten!

Im Sinne des Wahrnehmungsgesetzes schätzen wir Menschen und Situationen oft falsch ein. Wir sehen nur das, was wir sehen wollen.

Wir glauben vielleicht, dass ein Verkaufsgespräch super verlaufen sei und der nächste Abschluss bereits winke. Was passiert dann? Der Kunde springt plötzlich ab.

> *Betrachte die Situation mit einem knallharten Blick.*

Nur so kannst du deine Kunden (und deine Situation) richtig einschätzen. Möglicherweise gewinnst du dadurch einen wichtigen Impuls und fragst noch einmal genauer nach.

Im Zweifel erkennst du, dass die Dringlichkeit für deinen Kunden vielleicht doch nicht so hoch ist wie anfangs gedacht. Dann weißt du aber wenigstens, dass du diesen Kunden zuerst einmal ruhen lassen solltest.

Es ist schlimmer, einem Kunden nachzulaufen, von dem du nicht viel erwarten kannst. Oder ihm womöglich auf die Nerven zu gehen und dich gleich ins Aus zu katapultieren.

Einstellung der Kaufbeeinflusser gegenüber Veränderungen

- Welche Einstellung vertreten die Kaufbeeinflusser gegenüber Veränderungen?

- Und welche Motivationsfaktoren spielen eine Rolle?

Vielleicht wollen sie die Zahlen des Unternehmens verbessern oder Prozesse verkürzen. Jede Kaufentscheidung ist eine hochkomplexe Mixtur aus unterschiedlichen Faktoren der Entscheidungsbeeinflussung.

Der Entscheidungscocktail besteht immer aus:

- Emotionen

- Vernunftaspekten

- persönlichen Aspekten

- Wirtschaftlichkeit.

Eine Emotion kann zum Beispiel der Wunsch nach Sicherheit sein. Oder die Sympathie gegenüber dem Verkäufer.

Bei der Vernunft geht es eher um sachliche Aspekte wie Effektivität und Zuverlässigkeit, die mit dem Produktkauf einhergehen.

Ein persönlicher Anreiz könnte die Karriere des einzelnen Kaufbeeinflussers sein: der Vertriebsleiter, der das Image seiner Abteilung verbessern möchte, um seinem Karrieresprung ein Stück näher zu kommen. Wirtschaftliche Aspekte betreffen unter anderem technische Optimierungen oder den Ausbau der Wettbewerbsfähigkeit.

Umgang mit der Einstellung des Kaufbeeinflussers

Viele Faktoren haben Einfluss auf die Kaufentscheidung. Ein erfolgreicher Verkäufer gräbt so lange, bis er alle wichtigen Informationen erhalten hat. Er konfrontiert den Kunden mit tiefgreifenden Fragen und fordert ihn zum richtigen Zeitpunkt auf, eine Entscheidung zu treffen.

Finde heraus, was dein Kunde will und ob er überhaupt zum Kauf bereit ist. Akzeptiere gegebenenfalls auch ein Nein. Lass dich niemals gedanklich von einem unsicheren Projekt bestimmen und konzentriere dich stattdessen auf Kunden, die dir zugetan sind.

Du wirst viel mehr Zuversicht ausstrahlen und selbstbewusster wirken. Das wiederum macht dich für neue Kunden umso interessanter. Verkaufen ist ein Spiel.

Im Idealfall gewinnen beide Parteien. Der Kundenschwarmeffekt entsteht besonders dann, wenn dein Kunde nach dem Kauf begeistert ist und dich gerne weiterempfiehlt. In einer Win-win-Situation freuen sich am Ende alle Parteien.

Es gibt allerdings auch Fälle, in denen nur du als Verkäufer der Gewinner bist. Du freust dich vielleicht, weil du einen Preis durchsetzen konntest. Der Käufer hingegen fühlt sich im Nachhinein unwohl. Im schlimmsten Fall sogar hintergangen.

Strategie-Faktor 5: Produktivität

Welche Fragen würdest du dir stellen, bevor du einen Verkaufsprozess startest? Schreibe sie jetzt bitte auf.

Vorbereitung ist alles

80 Prozent des Erfolgs auf dieser Welt entstehen durch gute Vorbereitung.

- Was willst du erreichen?

- Ist dir der Kunde überhaupt sympathisch?

- Zählt er zu den Idealkunden?

- Hast du den Überblick?

- Was willst du schaffen?

- Möchtest du das überhaupt heute?

- Fühlst du dich dabei gut?

- Kennst du alle Produkte am Markt?

- Hast du über deinen Kunden recherchiert und wenn ja: Was weißt du über ihn?

Dein Kunde spürt, wie gut du vorbereitet bist und in welcher Form du dich von anderen Verkäufern abhebst. Es sind oft Kleinigkeiten, die bei ihm einen Eindruck hinterlassen und ihn überzeugen. Beschäftige dich vorab mit deinem Kunden. Sei motiviert. Stelle bessere Fragen als andere Verkäufer.

Ob du einen Marathon laufen möchtest, einen unvergesslichen Urlaub planst oder in ein Kundengespräch gehst: Die richtige Vorbereitung ist das A und O. In jeder Lebenslage.

Mit einem Tagesplan durchstarten

Schon der berühmte und hochproduktive Leonardo da Vinci hatte einen Tagesplan. Notiere auch du dir jeden Morgen (oder sogar bereits am Vorabend), was du heute erreichen willst.

Konzentriere dich dabei vor allem auf wenige wichtige Ziele. Das Problem bei den meisten To-do-Listen heutzutage besteht darin, dass sie zu viele Punkte enthalten. Dies führt dazu, dass die Menschen am Ende des Tages dasitzen und sich darüber ärgern, was sie alles nicht geschafft haben.

Lege deine To-do-Liste also so realistisch wie möglich an, um einen Großteil abhaken zu können. Was wird dich wohl mehr motivieren, 20 nicht erledigte oder fünf erledigte Punkte?

In der Psychologie spricht man von Selbstwirksamkeit. Sei gut zu dir selbst. Beschränke dich deshalb lieber auf ein paar wenige Punkte, die du auch wirklich schaffen kannst.

Das können auch To-dos sein, die nichts mit deiner Arbeit als Verkäufer zu tun haben: das Glas Wasser am Morgen, Sport am Nachmittag und so weiter. Nichts nährt Erfolg mehr als ein Erfolgserlebnis.

Das Abhaken auf dem Papier führt auch zum mentalen Abhaken. Dadurch schaffst du in deinem Kopf Platz für neue Gedanken und sorgst für innere Ruhe. Viele Menschen fokussieren sich auf einen Jahresplan. Dabei braucht der Mensch jeden Tag einen Impuls und Übersicht!

Work-Liste erstellen:
Die wichtigsten Fragen im Vertriebsprozess

Erstelle dir eine Übersicht mit den wichtigsten Fragen und Strategien, die du immer wieder in jedem Vertriebsprozess nutzen kannst. So musst du das Rad nicht ständig neu erfinden.

Ich selbst habe früh damit begonnen. Mittlerweile umfasst meine Work-Liste rund 70 Fragen und Strategien.

Jede Information zur Komplexität eines Kunden hilft mir dabei, die Kommunikation beziehungsweise meine Geschäftsbeziehung zu stärken. Jede Frage, die ich nicht stelle, fällt mir erfahrungsgemäß irgendwann auf den Fuß.

Einige Beispielfragen:

- „Wie sieht der Entscheidungsprozess auf Ihrer Seite aus?"

- „Welches Budget steht Ihnen zur Verfügung?"

- „Was ist Ihnen besonders wichtig?"

- „Was spielt für Sie in Zukunft eine Rolle?"

- „Was brauchen Sie?"

- „Bis wann spätestens?"

- „Wer entscheidet final über den Kauf?"

- „Gibt es jemanden, den wir bei der Entscheidung einbeziehen sollten?"

- „Was ist Ihnen bei der Zusammenarbeit mit mir am wichtigsten?"

- „Was ist Ihr Erfolgsgeheimnis?"

- „Was wollen Sie verändern?"

- „Wie messen Sie Erfolge?"

Es sind etliche Fragen, die ich im Laufe der Zeit notiert habe. Durch die Visualisierung konnte ich viele von ihnen bereits fest in meinem Kopf verankern.

Strategie-Faktor 6: Dein Auftritt am Markt

Neben der Vorbereitung gehört auch dein Auftritt in der Öffentlichkeit zur Strategie.

Vor allem im Bereich Online-Marketing bestehen heutzutage unendlich viele Möglichkeiten. Wer sich dessen nicht bewusst ist und sich nie mit dem Bereich Online-Marketing befasst, vertut nicht nur Chancen, sondern geht womöglich auch Risiken ein.

Die Chance, ideale Kunden über Online-Kanäle zu erreichen, ist heutzutage höher als jemals zuvor.

Früher waren Visitenkarten ein Muss. Jeder erfolgreiche Unternehmer und jeder, der neue Kontakte knüpfen wollte, trug immer welche mit sich.

Angenommen, du bist wie ich Verkaufstrainer. Du befindest dich auf einer Veranstaltung und kommst mit einem potenziellen Kunden ins Gespräch. Anschließend drückst du ihm deine Visitenkarte in die Hand.

Jetzt fährt derselbe Kunde über die Autobahn und sieht im Vorbeifahren eine große Anzeigenwerbung „Sajdak Training". Zwei Wochen später entdeckt er an einer anderen Stelle die gleiche Werbung.

Welchen Eindruck bekäme er wohl? Vermutlich: „Wow, spannender Typ, ein bekanntes Unternehmen."

Genau diese Chance bietet gutes Online-Marketing. Dieses Potenzial sollte jeder nutzen. Nicht ausschließlich, aber ergänzend zu anderen strategischen Maßnahmen. Dazu musst du deinen Idealkunden natürlich kennen beziehungsweise definiert haben.

Wie sieht dieser Kunde aus? Was kauft er? Welche Hobbys hat er? Und so weiter. Danach bist du in der Lage, zielgruppenspezifisches Online-Marketing zu betreiben und deine Kunden über diese Kanäle abzufangen.

Darüber hinaus ist die Suchmaschinenoptimierung (SEO) ein sehr wichtiges Thema. Dein Idealkunde geht (meistens über Google) auf die Suche. Wenn er dich über die gewählten Suchbegriffe nicht findet, sinken deine Chancen am Markt.

> *Überlege dir, wonach dein potenzieller Kunde wirklich sucht.*

- Welche Begriffe gibt er in die Suchleiste ein?

- Welche Schmerzpunkte hat er?

- Welche Sprache spricht er?

Bedenke auch, dass manche Kunden weniger im Thema sind und möglicherweise andere Begriffe wählen als ein Profi wie du. Über Suchmaschinenoptimierung kannst du dich heutzutage viel schneller auf dem Radar deiner Kunden platzieren.

Schieße jedoch nicht auf alles, was sich bewegt. Sei präzise.

Ein weiterer Punkt sind soziale Netzwerke wie Xing und LinkedIn. Sie sind heutzutage sowohl für Unternehmer als auch für Angestellte aus meiner Sicht unerlässlich.

Man muss wissen, dass die heutige Generation von Chefs ausgiebig recherchiert. Hast du dich selbst schon einmal gegoogelt? Und, falls ja, welche Bilder tauchen in den Suchergebnissen auf?

Ob auf Facebook, Instagram, Xing, LinkedIn oder sonst wo: Alle Bilder, die du ins World Wide Web hochlädst, werden immer irgendwo zu finden sein.

Überlege dir daher gut, was du von dir preisgibst und was nicht. Vor allem im Hinblick auf die Wahl des Profilbilds in geschäftlich genutzten Netzwerken.

Welches Foto nutzt du zum Beispiel in deinem Xing-Profil? Welche Wirkung erzeugt es bei deinen Profilbesuchern? Der erste Eindruck entsteht heutzutage meistens online und nicht offline.

Schon da gucken potenzielle Kunden oder Chefs, wer du bist, was du gerne liest, welchen Hobbys du nachgehst und welchen Background man von dir erwarten kann.

Jedes Xing-Profil lässt sich um einen Profilspruch ergänzen. Viele setzen an dieser Stelle auf ein Zitat einer bekannten Persönlichkeit.

Stell dir dabei immer folgende Frage: Könnte dieser Spruch auch unter jedem anderen beliebigen Profil stehen? Falls ja, denke dir bitte etwas Neues aus. Zum Beispiel: „Ich bin Experte für xy und freue mich über neue Kontakte."

Sei verbindlich. Gib deinen Profilbesuchern eine Information über dich. Erzähle, wer du bist, was du machst und was dir wichtig ist. Verzichte auf unnötige, allgemeine Floskeln.

Unter meinem Profil auf Xing und LinkedIn findest du beispielsweise eine umfangreiche Vorstellung inklusive Bildern und Auszeichnungen. Ich verbinde die Informationen zu meiner Person mit einer Aufforderung zur Kontaktaufnahme. Seitdem erhalte ich auch über diese Kanäle deutlich mehr Anfragen.

Thomas Sajdak

SCHLUSSWORT:

Bleib so, wie du sein kannst!

Was konntest du aus diesem Buch mitnehmen? Vielleicht sind dir einige Punkte besonders in Erinnerung geblieben. Was braucht ein Mensch aber, um sein Verhalten wirklich zu ändern?

Ich habe bald drei Kinder und stelle eine Sache immer wieder fest: Der erste Lernaspekt ist das Beobachten.

Alles, was wir tun, nehmen wir zunächst durch Beobachtung in unserem Umfeld wahr. Das ändert uns allerdings noch nicht. Wir müssen auch Einsicht haben, dass bestimmte Aspekte funktionieren.

Und wie wir an vielen gescheiterten Neujahrsvorsätzen sehen, reicht Einsicht auch nicht aus. Du musst diese Einsichten zunächst einmal selbst anwenden, umsetzen, TUN!

Aber selbst dann solltest du dir die Frage stellen: Hast du dich bereits geändert, nur weil du ein Kapitel einmal gelesen und eine der Techniken in der Praxis angewandt hast? Natürlich nicht!

Es bedarf einiger Wiederholungen. Du musst deine Einstellung und deine Techniken trainieren, bis sie zur absoluten Routine geworden sind. Wenn du deine Gewohnheiten ändern kannst, kannst du alles ändern!

Beobachten, Erkennen, Tun, Wiederholen.

Ich höre in der Weiterbildungsbranche immer wieder den Satz: „Nimm Abkürzungen." Oder: „Lerne Abkürzungen!" Ich bin der Überzeugung, dass es keine Abkürzungen gibt.

Wenn du ein klares Ziel vor Augen hast, gehst du immer einen Weg. Dieser beginnt an einem Startpunkt und verläuft entlang vieler wichtiger Erfahrungen im Zickzack. Bis du schließlich dein eigentliches Ziel erreichst.

Ähnlich wie beim Marathon. Vielleicht wirst du während des Laufs schneller. Trotzdem musst du den gesamten Weg zurücklegen. Wer beim Marathon Abkürzungen nimmt, hat auf gut Deutsch „beschissen".

Thomas Sajdak

Du kannst schneller werden, also effizienter, du kannst deine Kondition trainieren, aber du kannst nicht abkürzen.

Jeder Schritt auf dem Weg zum Erfolg ist wichtig. Du musst immer wieder den Mut haben, „ins kalte Wasser zu springen" und neue Erfahrungen zu sammeln. Je mehr du trainierst, umso effizienter wirst du mit der Zeit.

Der schnelle Erfolg lässt sich gut verkaufen, ist aber die größte Illusion unserer Zeit.

Die Bereitschaft zum kontinuierlichen Lernen

Jeder, der wachsen möchte, trainiert immer weiter. Wer damit aufhört, verkümmert irgendwann.

> *„Wer glaubt, jemand zu sein,*
> *hat aufgehört, jemand zu werden."*

Keine Situation gleicht der anderen, jeder Kunde hat andere Erwartungen und Wünsche. Für Verkäufer besteht die schwierigste Aufgabe darin, sich jeder Situation neu anzupassen.

Im Prinzip musst du deine bisherige Vorgehensweise immer wieder hinterfragen. Du darfst dich niemals von positiven oder negativen Erfahrungen der Vergangenheit beeinflussen lassen.

Vor allem das Verkaufsgeschäft unterliegt einem ständigen Wandel. Es ist dynamisch und schnelllebig. Manche Veränderungen werden deine Kunden herbeiführen und andere entstehen durch dich selbst.

Wenn du als Verkäufer erfolgreich sein willst, solltest du jeden Kundenkontakt als Chance sehen, besser zu werden.

Frage dich, was du noch hättest besser machen können, aber auch, was du richtig gemacht hast.

- Kennst du deinen Kunden wirklich?

- Konntest du ihn vollständig durchleuchten?

- Was weiß dein Kunde über dich und dein Produkt?

- Welche Informationen wären für ihn noch wichtig gewesen?

- Konntest du deiner Bewunderung Ausdruck verleihen und ihm Anerkennung geben?

Jede Erfahrung kann dir sowohl etwas nehmen als auch etwas geben. Der Mensch neigt dazu, nur das auszudrücken, was seine bisherigen Beobachtungen bestätigt.

Auf diese Weise entstehen Vorurteile. Vor allem negative Ereignisse beeindrucken den Menschen nachhaltig.

Beherrschen dich deine negativen Vorstellungen mehr als deine positiven, entsteht ein innerer Widerstand. Dadurch geht ein Großteil deiner Energie und Produktivität verloren. Versuche stattdessen, durch Erfahrungen klüger zu werden und an diesen zu wachsen. Der effizienteste Weg ist Training.

Wie du richtig trainierst

Wie geht ein Spitzensportler vor, der zum Duell aufgefordert wird? Liest er ein Buch? Besucht er Seminare? Schaut er sich einen Film an? Vermutlich nicht.

In der Vorbereitung auf einen wichtigen Kampf engagiert er einen erfahrenen Trainer. Sicher würde er sich nicht nur auf eine Lektüre oder eine schriftliche Anleitung verlassen.

Die bloße Kenntnisnahme wichtiger Fakten wird ihm nicht dabei helfen, seine Fähigkeiten ausreichend zu trainieren. Theoretisches Wissen alleine reicht nicht aus, wenn er es nicht anwendet und wiederholt.

Hinzu kommen die Vorstellungen und Gewohnheiten, die jeden Menschen in seiner Verhaltensweise bestimmen. Sie zu ändern ist gar nicht so einfach. Gute Gewohnheiten werden dir als Verkäufer auf dem Erfolgsweg von Vorteil sein. Schlechte Gewohnheiten hingegen halten dich gefangen und blockieren dein Talent.

Erfolg ist freiwillig.

In einem Verkaufstraining werden gute und schlechte Ge-wohnheiten systematisch analysiert und optimiert. Arbeite an deinen Fähigkeiten und deinen angeborenen Talenten. So wirst du zum Verkaufsprofi.

Jeder Kunde erwartet einen kompetenten Verkäufer, der so-wohl fachlich als auch verkaufstechnisch versiert auftritt.

Permanentes Training und regelmäßige Weiterbildungen bist du nicht nur dir als Verkäufer schuldig, sondern auch deinen Kunden. Sie werden dich aber dafür belohnen: mit dem Kundenschwarmeffekt.

> *„Säe Gedanken und du erntest Taten,*
> *säe Taten und du erntest Gewohnheiten,*
> *säe Gewohnheiten und du erntest dein*
> *Schicksal."*

Mein Buch kann nur eine Anregung sein. Das einzige Training besteht in der Umsetzung und Wiederholung in der Praxis. Wie sieht dein nächster Schritt aus?

Halte ihn auf der nächsten Seite für dich fest.

Mein nächster Schritt:

Wenn du weitere Impulse brauchst und trainieren möchtest, dann abonniere meinen Podcast oder melde dich für meinen Newsletter an.

- **Hier der Link zum Podcast:**
  https://www.sajdaktraining.de/derpodcast

- **Hier zum Newsletter:**
  https://www.sajdaktraining.de/newsletter

Ich freue mich auf dein Feedback zu diesem Buch.

Und vergiss niemals: Bleib so, wie du sein kannst.

Dein Thomas Sajdak

www.kundenschwarm.de | www.thomassajdak.de

Über den Autor:
Thomas Sajdak

Als Trainingsleiter, Gruppenanalytiker und Organisations-
berater durfte ich für die erfolgreichsten internationalen
Personalentwicklungsinstitute Weiterbildungsmaßnahmen
konzipieren und leiten. Zuvor war ich Leiter regionaler
Zweigstellen in Kreditinstituten in Berlin sowie Leiter in
einer direkten Vertriebseinheit.

Als Dozent und Trainer bin ich zudem an Hochschulen in
Berlin mit den Themenschwerpunkten Strategisches Ma-
nagement, Entrepreneurship und Softskills tätig.

Trainings müssen echten persönlichen Mehrwert bieten und
Spaß machen. Und sie brauchen die besten Inhalte. Im Laufe
der letzten Jahrzehnte haben meine Trainer und ich für dich
weltweit fundiertes Wissen, innovative Denkmodelle und
praktische Werkzeuge zusammengetragen.

Dinge, die du in allen relevanten Teilbereichen deiner Arbeit
und in deinem Privatleben sofort – oder mit etwas Übung –
nutzen kannst.

Das verspreche ich dir persönlich!

Ich selbst habe hierzu absolut jedes ernst zu nehmende Buch
gelesen, in dunklen Stollen der Wissenschaft geforscht, hier
und da einen Stein umgedreht, in Trainings aller Experten
nach Diamanten geschürft und mitunter Koryphäen am anderen Ende unseres Planeten befragt.

Die gefundenen Bestandteile habe ich sorgsam für dich verfeinert, kombiniert und so auch manches Neue erfunden. Und dann habe ich alles so aufbereitet, dass es für dich schnell, leicht und nachhaltig erlernbar ist.

Alle SAJDAKTRAINING-Trainer und ich freuen uns auf den Tag, an dem du das Ergebnis dieser Arbeit in einem unserer Trainings selbst erlebst.

NOTIZEN

Thomas Sajdak

Thomas Sajdak

Thomas Sajdak

NOTIZEN

NOTIZEN

Thomas Sajdak